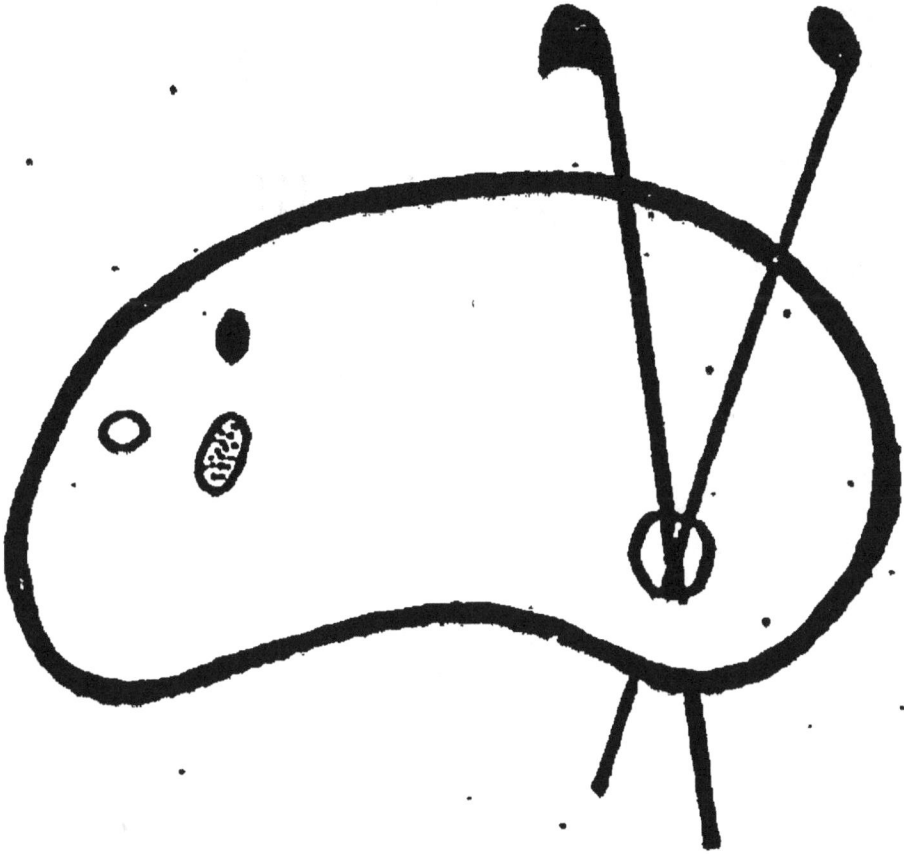

DEBUT D'UNE SERIE DE DOCUMENTS
EN COULEUR

PAYS D'ANNAM

ÉTUDE

SUR L'ORGANISATION POLITIQUE ET SOCIALE

DES

ANNAMITES

PAR

E. LURO

LIEUTENANT DE VAISSEAU, INSPECTEUR DES AFFAIRES INDIGÈNES EN COCHINCHINE

—————

Seconde édition

—————

PARIS

ERNEST LEROUX, ÉDITEUR

28, RUE BONAPARTE, 28

—

1897

ERNEST LEROUX, ÉDITEUR

28, rue Bonaparte 28

AYMONIER (E.) Directeur de l'Ecole Coloniale. Notice sur le Cambodge
In-8 . . . . 3 fr. »

— Géographie du Cambodge. In-8, avec une belle carte . . 5 fr. »

— Dictionnaire Khmèr-français. In-4. . . . . 40 fr. »

— Grammaire de la langue Chame. In-8 . . . . 7 fr. 50

— Voyage dans le Laos, 2 vol. in-8, accompagnés de 55 cartes. 33 fr. »

BOUINAIS (lieutenant-colonel) et PAULUS. Le culte des morts dans l'Annam et l'Extrême-Orient. In-18. . . . . 3 fr. »

CHAVANNES (Édouard), professeur au Collège de France. La sculpture sur pierre en Chine au temps des deux dynasties Han. In-4, avec 66 planches gravées d'après les estampages. In-4. . . . . . 30 fr. »

— Le traité sur les sacrifices fong et chan de Se-ma Ts'ien, traduit en français. In-8. . . . . 4 fr. »

— Voyages des pèlerins bouddhistes. Les Religieux éminents qui allèrent chercher la loi dans les Pays d'Occident. Mémoire composé à l'époque de la grande dynastie T'ang, par I-tsing, traduit en français. In-8. . . . . 8 fr. »
   Couronné par l'Institut (prix Stanislas Julien).

— Les Mémoires historiques de Se-ma Ts'ien, traduits et annotés. 10 volumes in-8. (En cours de publication.)

— Tome premier, un fort volume in-8. . . . . 16 fr. »

— Tome second, un fort volume in-8. . . . . 20 fr. »

DES MICHELS (Baron Abel), professeur à l'École des Langues orientales vivantes. Le Tam tu kinh, ou le Livre des Phrases de trois caractères, texte chinois avec commentaire chinois, prononciations annamite et chinoise, double traduction. In-8. . . . . 20 fr. »

— Le Luc Van Tien Ca Dien. Poème populaire annamite. Texte en chủ-nôm, transcription en caractères latins, traduction et notes. In-8. . . . . 20 fr. »

— Kim Vân Kieu Tân truyên. Grand poème annamite, traduit pour la première fois. Texte en chu-nôm, transcription en caractères latins et nombreuses notes. 2 volumes en 3 parties, in-8. . . . . . 40 fr. »

— Les Chuyên doi xua. Contes plaisants annamites, traduits en entier pour la première fois. Texte en caractères chinois et transcription. In-8. . . . . 15 fr. »

— Manuel de la langue chinoise écrite, destiné à faciliter la rédaction des pièces dans cette langue. In-8. . . . . 25 fr. »

— Chih loub kouoh kiang yuh tchi. Géographie historique des Seize royaumes fondés en Chine par des chefs tartares (années 302-433 de l'ère chrétienne), traduite du chinois et annotée. In-8. Fasc. I et II. Chaque . . . . 7 fr. 50

— Khâm dinh viêt su thông giam cang mue. Grande collection des annales chinoises de l'Annam, traduite en français pour la première fois et annotée. In-8. Fasc. I, II, III. Chaque. . . . . . . 10 fr. »

DEVÉRIA (G.), secrétaire interprète du gouvernement. Histoire des relations de la Chine avec l'Annam (Viêtnam) du xvie au xixe siècle, d'après des documents chinois traduits et annotés. In-8, carte. . . 7 fr. 50

— La frontière sino-annamite. Description géographique et ethnographique d'après des documents officiels chinois. In-8, nombr. planches et cartes. . . . . 20 fr. »

— Un mariage impérial chinois. Cérémonial, traduit par G. Devéria. In-18, illustré. . . . . 5 fr. »

— Les Lolos et les Miao-tze. In-8. . . . . 1 fr. 50

DUMOUTIER (G.), inspecteur de l'enseignement au Tonkin.

— Le Swastika et la roue solaire dans les symboles et les caractères chinois. In-8, figures. . . . . fr. 50

— L'Enfer. Notes sur le Bouddhisme tonkinois. In-8, illustré. 1 fr. 50

— Étude historique et archéologique sur Cô-loa, capitale de l'ancien royaume de Au-lac (255-207 av. J.-C.). In-8. . . . . . 3 fr. 50

— Étude historique et archéologique sur Hôa-lu, première capitale de l'Annam indépendant (dynasties Dinh et Lê), 968 à 1010 de notre ère. In-8. . . . . 3 fr. 50

— Les symboles, les emblèmes et les accessoires du culte chez les Annamites. In-8, illustré de 35 dessins annamites. . . . . 3 fr. 50

— Les chants et les traditions populaires des Annamites, recueillis et traduits. In-18, illustrations, musique, etc. . . . . . . 5 fr. »

MASSIE. Dictionnaire français-laotien. In-4 à 2 colonnes. 7 fr. 50

MASSY (Le lieutenant). Quatorze mois chez les Thos et les Maùs-Tiens. Souvenirs d'un Commandant de poste du Haut-Tonkin. In-8, 3 cartes. . . . . 3 fr. 50

PHILASTRE. Le Code Annamite. Traduction complète, 2 vol. in-8. 50 fr. »

Laval. — Imprimerie Parisienne, L. BARNÉOUD et Cie.

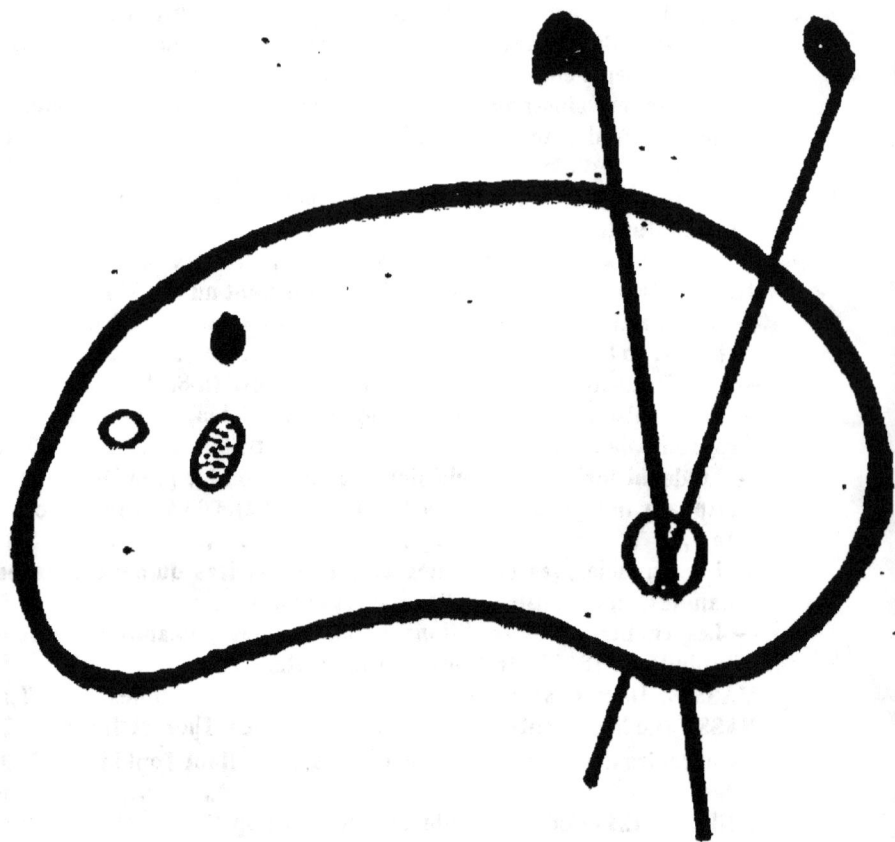

FIN D'UNE SERIE DE DOCUMENTS
EN COULEUR

LE PAYS D'ANNAM

LE
PAYS D'ANNAM

ÉTUDE
SUR L'ORGANISATION POLITIQUE ET SOCIALE
DES
ANNAMITES

PAR

E. LURO
LIEUTENANT DE VAISSEAU, INSPECTEUR DES AFFAIRES INDIGÈNES EN COCHINCHINE

Seconde édition

PARIS
ERNEST LEROUX, ÉDITEUR
28, RUE BONAPARTE, 28
1897

AVERTISSEMENT

L'ORTHOGRAPHE ET LA PRONONCIATION DES MOTS ANNAMITES

Il a été impossible de reproduire exactement, dans le cours de cet ouvrage, l'orthographe des mots annamites, à cause des frais qu'eût entraînés la nécessité de fondre des caractères speciaux. Il a fallu également renoncer, et pour le même motif, à donner les caractères chinois représentant les divers mots indigènes.

On a donc été obligé de supprimer les cinq accents qui indiquent la tonalité des mots, dans l'écriture annamite-latine de la langue.

L'alphabet annamite-latin a été créé par les premiers missionnaires venus dans le pays. Il ne faut pas oublier que le centre de leurs établissements était l'île portugaise de Macao et qu'il y avait parmi eux, outre les Portugais, des Espagnols et des Italiens. Les missionnaires français n'apparurent en Cochinchine que trente ans plus tard, c'est ce qui explique pourquoi certaines consonnes ou voyelles n'ont pas la valeur que nous leurs donnons en français, puisque notre nation n'était pas représentée à la création de cet alphabet.

Le lecteur est prié de se pénétrer des remarques suivantes, s'il ne veut pas trop défigurer les mots annamites :

a est long ou bref, *e* est ouvert ou fermé, suivant les cas. On peut négliger cette légère nuance qu'il serait superflu de s'attacher à marquer, dès qu'on n'emploie pas tous les accents de tonalité. Observons cependant que *e*, sans accent, a le son ouvert de l'*è*, avec accent grave, en français.

L'*è*, marqué d'un accent circonflexe, a, en portugais, le son d'un *é* fermé français. Ainsi *uè* devra se prononcer *oué*, au contraire

1

ue devra se prononcer *ouè*. Le premier *è* sonne comme dans bonté, le second *è* comme dans profès.

u se prononce toujours *ou*; il n'a jamais le son français.

u' barbu, c'est ainsi qu'on appelle l'*u* suivi d'une apostrophe, se prononce comme l'*u* français dans le mot chac*u*n; il remplace notre diphthongue *eu* dans le mot feu*t*re.

o' barbu a un son plus lourd, à peu près comme notre diph-thongue *œu* dans œuf, bœuf.

La rencontre de ces deux diphthongues dans le mot *nu'o'c*, royaume, forme un son composé qui se rapproche de *neuoc*; une oreille peu exercée entend *euo* pour *u'o'*.

La diphthongue annamite *ai* ne se prononce pas *ai* comme dans Sina*i*, elle se prononce comme la diphthongue du mot bâi*ll*er. L'*i* simple rend la diphthongue longue; au contraire, l'*y* grec rend la diphthongue brève; la diphthongue *ay* se prononce comme dans le mot a*il*.

Prononcez aussi *ei* comme dans par*eil*; de même dites *ui* comme dans hou*ille* et donnez un son analogue à *oi*, comme dans le mot anglais b*oil*, bouillir.

c a toujours le son d'un *k*, mais il n'entre en composition qu'a-vec *a, o, u*; devant l'*e* et devant l'*i*, il est remplacé par le *k*: *ca, ke, ki, co, cu*. Les créateurs de l'alphabet auraient bien dû le rem-placer simplement par le *k* dans toutes leurs combinaisons.

d, dans le Dictionnaire du P. Legrand de La Liraye, a la valeur de la même lettre en français.

dz remplace dans ce dictionnaire le *d* non barré, *dz* est un son pur et distinct au Tonquin: on fait entendre ces deux lettres avec leur valeur en français. Ce son se dénature en avançant vers le sud, au point qu'à Saïgon on le prononce comme *y*. On dit, à tort, *yot* pour *dzot*.

g a le son dur, *ga, go, gu*, comme dans gage, gordien, goutte. Devant l'*e* et devant l'*i*, pour lui conserver ce même son, on le fait suivre d'un *h* muet: *ghe, ghi*, comme dans gu*è*tre, gu*i*mauve.

g suivi d'un *i* a presque le son mouillé de l'*i*. c'est un *dj* très doux.

h initial est toujours aspiré très-fortement, comme dans le mot hache, en exagérant franchement l'aspiration, il est toujours as-piré après le *k*, le *p* et le *t*. Prononcez *kha, tha, pha*, en faisant sentir les trois lettres. L'*h* n'est muet qu'après le *g* : *ghê, ghi*, cité plus haut, ou encore *nghê, nghi*.

n initial ou final a le son de l'*n* initial en français : *non*, prononcez *none*.

ng final a la même valeur que dans le mot français *long* ; le *g* est muet dans ce cas et ne sert qu'à donner à l'*n* le son qu'il a dans les mots français *mon, ton, son*.

ng initial est une combinaison dont le son n'a pas d'analogue en français. L'*n* est prononcé en aspirant par le nez, la bouche étant ouverte. Il faut faire sonner l'*n* par le nez et l'accompagner d'un *g* guttural, en faisant entendre les deux lettres dans une seule émission de voix.

nh initial ou final a le son français *gne* dans *vigne* : *Dông Kinh*, le Tonquin, se prononce *don kigne*.

ph a le son de l'*f*, cependant les indigènes font entendre le *p* et l'*h* séparément.

ch a le son français du *tch*, dans les mots étrangers, ou le son *c* italien dans Cellini. Quelques auteurs prétendent que ce son est voisin de *ki* et entendent dans le mot *cha* le son *kia* au lieu de *tcha* ; cette appréciation est exagérée.

s a le son du *ch* français dans *chapeau*, ou du *sh* anglais dans *shame* ; le P. Legrand l'écrit *sh* dans son Dictionnaire annamite ; il y a avantage à imiter cet exemple.

x a le son de *s* dans *salade*.

v se prononce franchement comme chez nous, dans tout le Tonquin. En Basse-Cochinchine on a la mauvaise habitude de le prononcer comme s'il était suivi d'un *i* très-sourd : on dit : *via* pour *va*.

E.L.

Laval. — Imprimerie Parisienne, L. BARNÉOUD et Cⁱᵉ.

NOTICE SUR L'AUTEUR

—

Jean-Baptiste-Eliacin Luro naquit à Sérian, le 2 août 1837. Il appartenait à une ancienne famille du Gers, dont la filiation remonte, suivant actes authentiques, jusqu'au XVᵉ siècle.

Il fit ses études à Auch et à Rochefort; en 1855, il fut reçu bachelier ès sciences, et entra la même année, le neuvième à l'école navale. Il débuta dans la marine par une campagne de trois ans au Gabon pendant laquelle il donna la mesure de son courage et de son dévouement en sauvant un matelot tombé à la mer, malgré la présence de nombreux requins dans les eaux du navire. Dans la même campagne, une épidémie de choléra se déclara à bord; seul valide avec le docteur, il fit, pendant un mois, le métier d'infirmier. Sa modestie était telle que ces actes héroïques, accomplis avec la simplicité qui lui était propre, restèrent ignorés, même de ses amis.

Luro prit ensuite part à la campagne d'Italie, à bord du *Redoutable,* puis en 1864, il partit pour la Cochinchine où l'appelait son ami Francis Garnier. A son arrivée dans la colonie, il fut débarqué et prit le commandement d'une compagnie de matelots fusiliers préposés à la garde d'un poste-frontière. Désormais son existence devait être consacrée jusqu'à son dernier soupir à la défense et à l'organisation administrative de la Cochinchine française.

Francis Garnier qui précéda Luro dans la tombe après une carrière bien courte, mais aussi active que glorieuse, venait de concevoir un projet gigantesque. Dans cette tête merveilleusement organisée s'était développée l'ambition grandiose de doter la France, dans l'extrême Orient, d'un empire colonial aussi vaste et aussi florissant que les possessions anglaises des Indes. Le vaste fleuve, le Mé-Kong, dont nous venions d'occuper définitivement le riche delta, devait en être la grande artère ; il fallait donc commencer par en explorer le cours en le remontant aussi loin que possible, mais tout au moins jusqu'à la frontière chinoise. Aussitôt, un projet d'exploration fut conçu par Francis Garnier, et adopté avec enthousiasme par Luro et par celui qui écrit ces lignes, seul survivant de cet ardent triumvirat de jeunes gens qui ne rêvaient rien moins que la gloire de fonder une nouvelle France dans la péninsule Indo-Chinoise.

Les dates relatives à ce projet d'exploration ayant été vivement discutées et contestées dans ces derniers temps, il n'est pas inutile de les établir, non pas seulement d'après les souvenirs d'un collaborateur mais d'après des lettres et des pièces authentiques que nous avons entre les mains. Le premier plan de Francis Garnier date de juin 1863, et c'est dans les premiers jours de 1864 que nous l'avons rédigé d'après les notes et, en partie, sous la dictée de son inventeur. Un jeune officier de marine, qui devait s'adjoindre à nous, fut obligé de rentrer en France sérieusement malade ; il fut remplacé alors par Luro qui venait d'arriver dans la colonie. Son remarquable talent comme dessinateur rendait son concours extrêmement précieux dans une telle entreprise. Une demande officielle fut ensuite formulée par Garnier, signée par ses deux compagnons, puis présentée au ministère de la marine avec l'appui de hautes personnalités. Il convient de rendre hommage à l'intelligente bienveillance avec laquelle M. le Marquis de Chasseloup-Laubat, l'un des meilleurs ministres qu'ait eus la marine, accueillit le projet d'exploration du Mé-Kong. Mais ces démarches et la distance qui sépare la Cochinchine de la métropole firent que l'ordre d'organiser l'expédition projetée n'arriva à Saïgon qu'au commencement de 1836; encore, sur les trois signataires du projet de 1864, Francis Garnier était-il le seul qui fut désigné comme devant concourir à sa réalisation. Il ne nous appartient pas d'apprécier ni même d'indiquer les motifs qui firent écarter les deux autres adhérents. Quoi qu'il en soit, nous devons à la mémoire de Luro de constater et de proclamer hautement que, s'il se soumit à cette décision souveraine, ce ne fut qu'avec les plus vifs regrets et la plus grande amertume.

Vers la même époque, en janvier 1865, Luro entra dans l'administration des affaires indigènes et, dès lors, il se dévoua complétement à une autre œuvre moins brillante, sans doute, mais non moins utile à son pays, l'organisation de la colonie.

Pour ses débuts, il fut adjoint à Francis Garnier, alors administrateur de la ville chinoise de Cho-len et de son arrondissement. Il ne pouvait se trouver à meilleure école pour se livrer à l'étude de la langue, des mœurs et des lois annamites connaissances qui lui semblaient, à juste titre, indispensables pour gouverner les peuples récemment conquis. Dès lors il entreprit, à travers des luttes et des déboires sans nombre, de déraciner de nombreux abus et de faire prévaloir, dans l'administration de la colonie, une organisation régulière et conforme à la situation du pays.

Les idées de Luro finirent par prévaloir : l'amiral Dupré, à peine gouverneur, fut frappé comme lui de la nécessité de ne confier les fonctions administratives et judiciaires qu'à des hommes suffisamment versés dans la langue et les coutumes des Annamites ; il demanda à chacun des inspecteurs des affaires indigènes un projet d'organisation ; ce fut celui de Luro qui parut le plus complet et le mieux approprié au but que se proposait l'amiral. Il fut envoyé en 1872, à Paris, pour présenter son projet au ministère de la marine, dont il fallait obtenir la sanction. Cette mission délicate fut couronnée d'un plein succès. En février 1873, parut le décret ordonnant l'organisation, à Saïgon, d'un collège de stagiaires, où seraient enseignées les lois, la langue, la religion, les coutumes du peuple annamite ; nul ne devait désormais devenir administrateur s'il ne sortait de ce collège ; l'avancement ne devait plus avoir lieu qu'au concours.

Malgré les travaux et les démarches qu'exigeait l'accomplissement de sa mission, malgré le besoin de repos qu'il devait éprouver après huit ans de Cochinchine, Luro trouva encore moyen d'utiliser son séjour en France en faisant son droit ; il n'hésita pas à se mettre, à son âge, sur les bancs de l'école et à se plonger avec ardeur dans ces arides études qui rebutent souvent des jeunes gens pleins de sève et de santé. Ce n'est pas tout, il consacrait encore ses loisirs à la correction des épreuves de quelques ouvrages annamites. Luro était de ces natures qui ne savent pas rester une heure inactives.

A son retour en Cochinchine, il fut mis à la tête du collège de stagiaires dont il venait de faire décréter la fondation. Là encore, il lui fallut entreprendre une tâche écrasante, surtout sous l'action énervante d'un climat qui double toutes les fati-

gues, morales ou physiques. Pour faciliter le travail de ses
élèves, il rédigea un ensemble de cours d'administration et de
justice indigène et dressa trois Annamites à les lithographier.
C'est aujourd'hui encore l'ouvrage le plus complet et le plus
consciencieux que nous ayons sur ces matières ardues et peu
connues jusqu'alors. La fondation et l'organisation du collège
de stagiaires de Saïgon a lié indissolublement le nom de Luro
à la future prospérité de notre colonie.

En 1876, Luro rentra de nouveau en France, mais il avait
dépassé les limites des forces humaines et rapportait en lui le
germe de ces terribles maladies de Cochinchine qui ne par-
donnent pas. Ses parents et ses amis le supplièrent de se soigner, mais lui n'écoutant que son courage et son inébranlable
dévouement à l'œuvre entreprise, voulut s'employer sans relâche à terminer l'important ouvrage, le Pays d'Annam, que
nous présentons aux lecteurs. Sans doute, nul mieux que lui
ne pouvait décrire le sol et la population de notre belle mais
cruelle colonie ; il l'avait aimée jusqu'à en mourir. On peut
dire qu'aucun livre, mieux que celui-ci, ne peut faire connaître
la Cochinchine, aussi bien au savant qui veut étudier les pays
lointains sans changer de climat, qu'aux jeunes gens qui dé-
sirent aller servir la France, en développant les ressources de
cette lointaine possession.

A cette époque, Luro n'avait plus qu'un an de Cochinchine
à faire pour avoir sa retraite d'inspecteur des affaires indigènes ; voulant se préparer un foyer pour les heures de repos,
qu'il entrevoyait enfin dans un avenir rapproché, il se choisit
une compagne digne de comprendre et d'aimer, comme elle le
méritait, cette âme d'élite. Il terminait le dernier chapitre de
son ouvrage sur le pays d'Annam, à Philippeville, dans la

famille de sa femme, lorsqu'il se sentit étreint par la maladie
qui devait l'emporter. Toujours sous l'empire des sentiments
de dévouement et d'abnégation qui furent le trait distinctif de
sa belle existence, il voulut épargner aux siens le déchirant
spectacle de ses derniers moments. Il partit pour Toulon, disant qu'il allait y solliciter une prolongation de congé ; dès
son arrivée dans cette ville, il entra à l'hôpital et ne tarda pas
à y expirer, loin de sa famille, qui ne fut informée que vingt-
quatre heures après la catastrophe.

Ainsi mourut seul, loin de tous ceux qui l'ont aimé, l'un des
rares hommes qui pouvaient se vanter de n'avoir pas d'enne-
mis. Quelques semaines auparavant, écrivant une notice bio-
graphique sur un de ses amis mort, comme lui, après une vie
de dévouement, il la terminait par ces paroles touchantes :
« Heureux ceux d'entre nous qui auront l'honneur de mourir
après avoir autant souffert et travaillé pour leur pays ! »

H. DE BIZEMONT.

LE PAYS D'ANNAM

ÉTUDE

SUR L'ORGANISATION POLITIQUE ET SOCIALE

DES

ANNAMITES

CHAPITRE PREMIER.

COUP D'ŒIL SUR LA GÉOGRAPHIE DE L'ANNAM

Entre l'Hindoustan et la Chine, au-sud-est de l'Asie, s'allonge la péninsule de l'Indo-Chine, baignée à l'ouest par le golfe du Bengale et à l'est par la mer de Chine. L'extrémité de la péninsule est terminée par deux pointes : l'une, la presqu'île de Malaca, d'une largeur moyenne d'une vingtaine de lieues, séparée de la grande île de Sumatra par un étroit chenal, descend directement au sud depuis le 12° parallèle nord jusqu'à l'équateur; l'autre, de forme largement arrondie, ne dépasse guère le 9° parallèle nord.

Le pays d'Annam, que l'on nomme vulgairement Cochinchine, occupe sur la mer de Chine, toute la côte orientale de la péninsule Indo Chinoise. Il se divise en trois régions distinctes : au nord le Tonquin, qui s'étend sur le bassin inférieur et le Delta formé par le cours du Shong Coï [1]. Ce fleuve des-

1. *Shong Coï* ou *Shong Ca. Shong* signifie fleuve en ammanite vulgaire et se dit *Giang* en mandarin. Le mot rivière se dit vulgairement *rach,* qu'on a pris l'habitude de traduire par *arroyo,* quand il s'agit de petit cours d'eau en Cochinchine.

2

cendant des régions montagneuses de la province chinoise du Yun Nan à travers des gorges étroites, s'épanouit dans son bassin inférieur au milieu des plaines abandonnées à son cours par le système orographique qui, à gauche, le sépare de la Chine, et les contre-forts qui, à droite, le séparent du Thanch Hoa Noi.

Au centre, enserrée entre les monts de la chaîne annamitique et la mer de Chine, se déroule la Cochinchine proprement dite, traversée par de nombreux torrents, depuis la province de Thanh Hoá, jusqu'à l'extrémité sud de la province de Binh Thuân.

Enfin, au sud, la Basse-Cochinchine, conquête de la France, occupe le large delta formé par le fleuve Mé Kong ou Cambodge. Ce fleuve, le plus puissant de l'Indo-Chine, prend naissance en un point inconnu du Tibet,[1] traverse le Laos siamois, le Laos birman, le royaume du Cambodge, aujourd'hui sous notre protectorat, et couvre d'un réseau de voies fluviales notre Cochinchine française.

On sait positivement, par les annales annamites et les historiens chinois, que la race des Giao Chi, ancêtres des Annamites, occupait le Tonquin au milieu du IIIe siècle avant notre ère. Conquise à cette époque par les Chinois, la race annamite avait, sous leur domination, dépassé définitivement, dès le Ve siècle, les frontières du Tonquin et commencé la conquête du *Ciampa*[2]. Cette conquête lente et laborieuse prit fin vers le milieu du XVIIe siècle; mais arrivé à la frontière sud du

1. La récente exploration du prince d'Orléans (1894-1896) paraît avoir résolu ce problème géographique dont Françis Garnier avait signalé l'importance, dans la préface du *Voyage d'exploration en Indo-Chine* (1872) et qu'il avait entrepris de résoudre en 1878 (*Voyage dans la Chine Centrale*), lorsqu'il fut chargé par l'amiral Dupré de cette célèbre mission au Tonkin, suivie d'une conquête fabuleuse du Delta tonkinois au cours de laquelle il trouva la mort. (L.-G.)

2. Le Ciampa occupait la place de la Cochinchine proprement dite.

Ciampa, le peuple annamite, infatigable dans son expansion, la dépassait refoulant les Cambodgiens devant lui, et au milieu du XVIII° siècle, terminait la conquête du delta du Cambodge, récemment conquis à son tour par la France.

Les Ciampois, peuple de race malaise, existent encore sous le nom de Cham. Le pays autrefois occupé par eux est désigné dans les annales annamites sous le nom de Lâm Ap, caractères que les Chinois prononcent Lin Y. On retrouve encore, dans les montagnes du Binh thuân et au Cambodge, les restes de ce peuple, maître jadis de la côte depuis le Tonquin jusqu'à la frontière de la Basse-Cochinchine.

Le mot Cochinchine a été créé, dit-on, par des navigateurs portugais qui trouvèrent à ce pays quelque ressemblance avec la côte de *Cochin*, dès leur arrivée dans la mer de *Chine*. Cette étymologie est peu satisfaisante. Il semble plus juste de supposer qu'elle vient des caractères chinois au moyen desquels la côte dut être désignée pour la première fois aux Européens par quelque pilote cantonais : *Co*[1] *Cheng Ching*, signifie ancien Ciampa. Car *Cheng Ching*[2] est souvent employé en cette langue pour désigner le Ciampa qui était, aux premiers siècles de notre ère, la région centrale longeant la côte qui va du Tonquin à la Basse-Cochinchine. Les premiers missionnaires appelaient Cochinchine la portion de la côte soumise aux Annamites, mais réservaient le nom de Ciampa, corruption des caractères *Chiém Ba*, aux restes encore indépendants de l'ancien royaume.

Bien que consacrée par l'usage, l'appellation de Cochinchine

1. Le caractère *cou* ou *co*, signifie ancien.

2. Les caractères *cheng ching*, que les Annamites prononcent *chiêm thanh* sont employés au lieu de *lamp ap* ou *chiêm ba*, pour désigner le Ciampa. Ne faisons-nous pas de même quand nous disons *tong kia* pour désigner la région du nord, le Bac Ky ? Chiêm thanh, qui véritablement ne peut désigner que la capitale du Ciampa, était probablement située dans le Quang binh.

est donc inexactement appliquée à l'ensemble des trois régions qui occupent toute la côte occidentale de l'Indo-Chine.
Son vrai nom est celui que lui donnent les indigènes : *An
nam*, Sud paisible ; ou mieux, Sud pacifié, si l'on considère
que ce nom lui a été primitivement imposé par les empereurs
chinois.

C'est celui que nous avons cru devoir donner à notre livre.

Ces indigènes appellent région du Nord (Bac Ky), le Tonquin ; région de la capitale (Huê Ky), tout l'ancien Ciampa,
et Région du Sud (Nam Ky) ou pays de Gia Dinh, la Basse-
Cochinchine. Quelquefois ils appellent la Cochinchine proprement dite Dang Trong, voie intérieure, et par opposition, le Tonquin, Dang Ngoai, voix extérieure [1]. C'est sous Minh Mang
que la limite du Tonquin fut fixée, au Midi, à l'extrémité de
la province de Ninh Binh (Thanh Hoa Ngoai), qui s'étend sur
le bassin secondaire du Song Ba. Du temps des Lê, au contraire, le Tonquin comprenait le Xu' Thanh et le Xu' Nghê,
région du Thanh Hoa et du Nghe An. Sa limite était au Shong
Giang, dont le cours sépare le Dang Ngoai du Dang Trong.

Au sud du Shong Giang, se voient encore les restes d'une
muraille fortifiée, boulevard de la maison Nguyên contre les
entreprises des Trinh. L'unité de l'Empire, amenée par la révolte des Tay Sho'n, l'a rendue inutile.

Le Tonquin comprend actuellement treize provinces placées sous la haute direction d'un surintendant général auquel
les Européens donnent généralement le titre de vice-roi.

Une série d'articles publiés au *Courrier de Saigon*, donne

1. L'appellation *Dong-Kinh*, capitale orientale, dont on a fait Tonquin
en Français, et en chinois Tong Kin pour désigner tout le pays, a été
donnée à la capitale des Lê, du temps de la révolte des Mac, par opposition à *Tây-Kinh*, capitale occidentale, aujourd'hui en ruines, située
dans le Thanh-Hoà qui servit de refuge aux Lê. (*Bul. Société de géographie*, mars 1876.)

d'intéressants renseignements sur le Tonquin ; mais le cadre de cette étude ne nous permet pas d'entrer dans de plus longs détails.

Le fleuve qu'on appelle Shong Coi en annamite vulgaire, Ho li Kiang ou Hong Kiang en chinois, est désigné sous le nom de Nhi Ha Giang par les Annamites. Sa source, dont la position géographique n'est pas déterminée, se trouve dans la province du Yun Nan. La commission d'exploration du Me Kong a traversé son cours, près de la ville chinoise de Li Ngan Fou, par 23° 30 de latitude nord. A partir de ce point jusqu'au poste frontière de la douane du Tonquin, il peut être descendu, non sans difficulté, en pirogue. Il reçoit plusieurs affluents avant d'arriver à Ha Noi. Il est uni par des canaux intérieurs aux confluents de moindre importance qui baignent la côte maritime du Tonquin. En traversant ce pays, le fleuve parcourt deux régions différentes ; la première, la plus élevée, comprend les provinces de Lang Sho'n, Cao Bang, Thai Nguyên, Tuyên Quang, Sho'n Tay et Hu'ng Hoâ.

Cette région est riche en matières minérales et essences forestières. La population annamite, très clair-semée, y est mélangée de tribus dépendantes et d'aventuriers chinois. La seconde région est une plaine basse, semée çà et là de collines et de monticules, et formée en majeure partie par des alluvions fluviales dans les provinces de Quang Yên, Hai Dzu'o'ng, Bac Ninh, Ha Noi, Hu'ng Yên, Nam Dinh, Ninh Binh [1].

Cette seconde région se distingue de la première par les inondations qui la couvrent chaque année presque en entier, alluvions qui l'engraissent et l'agrandissent peu à peu. Les voies fluviales et les canaux abondent dans cette fertile ré-

1. Conquises en 1873 par Francis Garnier.

gion presque au niveau de la mer; la population y est d'une
extrême densité.

D'après le correspondant anonyme du *Courrier de Saigon*,
le riz, le maïs et la canne à sucre, produits surtout par les
provinces de la plaine, suffisent aux besoins de la population.
Les fruits et les légumes de la zone torride, les graines oléagineuses, les animaux domestiques, le thé, le poisson qui est
très abondant, le sel à bas prix, font vivre à bon marché une
population nombreuse. Le coton, la soie, l'ortie de Chine, sont
produits dans les terrains légers de manière à suffire à l'industrie du vêtement. L'indigo et les autres plantes utilisées
pour le même objet, sont également de production locale. Enfin l'or, l'argent [1], le cuivre, le zinc, le fer, le charbon et les
essences forestières de la région montagneuse, bienqu'à peine
exploités, pourvoient aux autres besoins des habitants. Le
poivre, le café, le cacao, la cannelle, le girofle n'y sont pas
cultivés, quoique le climat et le terrain soient favorables à
ces productions.

Bac thanh (citadelle du Nord), Dong Kinh (capitale orientale) et en langue vulgaire Kê Cho' (le marché), sont les
noms les plus usuels de la capitale du Tonquin, ancienne résidence des Lê. Elle est située sur le Shong Coi, dans la province de Ha Noi; les canonnières peuvent remonter de la mer
à Kê Cho'.

La ville qui entoure la citadelle est bâtie en briques; ses
rues sont dallées. D'après le correspondant du *Courrier de
Saigon*, la population annamite de Kê Cho' est de 120 à 130
mille âmes et la population chinoise de 8 à 10 milles âmes. Voici,
d'ailleurs, quelques traits de la description du *Courrier* :

---

1. D'après le correspondant du *Courrier de Saigon*, des aventuriers
chinois cherchent au Tonquin l'or et l'argent, qu'ils expédient dans leur
gangue à Canton, pour ne pas éveiller la cupidité des Annamites.

« Dans la citadelle, les palais du roi et des mandarins sont
« seuls construits en briques ; la résidence des derniers sou-
« verains est très vaste, mais elle tombe en ruines et une
« partie seulement sert en ce moment de demeure au vice-
« roi du Tonquin... Bien qu'elle ne soit plus la résidence
« royale, c'est encore, je crois, la première du royaume
« pour les arts, l'industrie, le commerce, la richesse, la po-
« pulation, le savoir-vivre et les études. Il faudrait dire que
« dans tout le royaume il n'y a pas d'autre industrie qu'à
« Kê Cho' et que tout le Tonquin, toute la Cochinchine ne
« peuvent se passer d'elle. C'est là que viennent les hommes
« de lettres, les bons ouvriers, les gros commerçants ; c'est
« de là que sortent les objets pour la nécessité et les objets
« d'art pour le luxe ; c'est là enfin qu'est le cœur de la nation.
« Aussi une grande route relie cette ville à Huê et à tous les
« chefs-lieu de département. Cette grande route, construite
« sous Gia Long, est mal entretenue ; mais elle est remar-
« quable par sa longueur et fes postes qui la desservent de
« distance en distance... »

La France entretient un consul à Kê Cho'.

Après Kê Cho', le chef-lieu de la province de Nam Dinh est
un point commercial très important, ainsi que Hai Dzu'o'ng,
ville bâtie en briques, comme la précédente.

L'écrivain précité leur attribue de 50 à 60 mille âmes. Il
néglige de parler des autres centres.

Près de l'embouchure du Shong Coi, la plus accessible aux
navires européens dont le tirant d'eau ne dépasse pas 4 à 5
mètres, la France a créé l'établissement de Hai Phong, port
ouvert au commerce européen à la suite du dernier traité. Un
consul français, des douaniers pour le compte de l'empire
annamite, une garnison française et une escadrille de can-
nonnières chargées de la police du fleuve, sont concentrés sur
ce point.

Dans l'Annam, à part les capitales, il n'y a guère de ville
au sens européen du mot. Autour d'un centre administratif,
installé dans une forteresse ou dans une simple enceinte, et
placé le plus ordinairement sur le bord d'un cours d'eau, s'ag-
glomèrent des communes distinctes en plus ou moins grande
quantité, suivant l'importance administrative et surtout commerciale du lieu. Là, pas de rues, pas de maisons à étages,
peu de maisons couvertes en tuiles. La population très dense
dépassant quelquefois plusieurs milliers d'âmes, habite des
maisons généralement en paille qui ont reçu de nos soldats
la dénomination pittoresque et caractérisque de *paillotes*.
Cachées le plus souvent au milieu des vergers, entourées de
haies de bambou ou de cactus, elles sont disséminées au ha-
sard et reliées l'une à l'autre par d'étroits et tortueux sentiers.
Sur la berge du fleuve ou du canal, qui avoisine la citadelle,
la vie commerciale devient plus intense, les paillotes et les
maisons s'alignent presque et s'amoncellent au point de se
toucher. Ici pas de quai : l'habitation bâtie, partie à terre,
partie sur pilotis, empiète sur le cours du fleuve. Un étroit
sentier circule le long des habitations du côté opposé à la
berge et aboutit généralement en aval et en amont, à une
place rectangulaire, où se trouve le marché, grand hangar
couvert en tuile ou en paille, dans lequel la population se
presse bruyamment tous les matins. Il faut un guide indigène
pour se diriger dans de pareils dédales. La citadelle elle-même,
quand il s'agit d'une enceinte de cette importance, à part les
portes et quelque pagode ou édifice administratif d'architecture bien modeste, ne frappe nullement l'Européen. On comprend qu'on ne peut donner le nom de villes à de pareils centres de population, qu'après avoir prévenu du sens qui doit y
être attaché, et qu'on ne peut s'arrêter à les énumérer où à
les décrire, sans sortir du cadre de cette étude.

L'inondation fertilisante du fleuve a lieu depuis la fin d'août jusqu'à la fin de janvier. Ce retrait des eaux à la période de changement des moussons est suivi de maladies et d'épidémies qui rendent ce moment redoutable à la population. Cependant l'opinion de tous ceux qui ont habité le Tonquin est que son climat est beaucoup plus salubre que celui de la Cochinchine française. La température y varie de 25 à 36° pendant la saison des pluies, de mars à novembre, et de 6° au-dessus de de zéro jusqu'à 15 ou 20° pendant le reste de l'année. On comprend qu'il y a là, pour l'Européen, une période de repos qui n'existe pas dans la Cochinchine française, où le thermomètre ne descend vers 20° que pendant quelques nuits de l'année.

Tant qu'on ne connaîtra pas les rôles d'impôt du Tonquin, qui seuls peuvent fournir le nombre des hommes inscrits et le nombre d'hectares occupés par chaque espèce de culture, il sera impossible de donner une idée exacte de sa population et de sa richesse agricole. Certains auteurs pensent que le Tonquin renferme 10 millions d'habitants ; ce chiffre nous paraît exagéré.

Contrairement à l'usage généralement admis, il faut compter comme appartenant aujourd'hui à la Cochinchine proprement dite les provinces de Thanh Hoá, Nghê An, Ha Tinh, qui formaient au siècle passé le Xu' Thanh et le Xu' Nghê, parce que depuis Minh Mang ces provinces ne sont plus sous l'autorité du surintendant général du Tonquin, auquel les Européens donnent à tort le titre de vice-roi. Ces provinces qui, du temps des Lê, appartenaient au Tonquin, sont aujourd'hui directement administrées par Hué.

Il en résulte que la Cochinchine proprement dite compte douze provinces, qui sont, en descendant la côte : Thanh Hoá, Nghê An, Ha Tinh, Quang Binh, Quang Tri, Quang

Du'c, Quang Nam, Quang Ngai, Binh Dinh, Phu Yên Khanh Hoá (ancien Nhá Trang) et Binh Thuân.

La région formée par les provinces de Thanh Hoa, Nghê An et Ha Tinh, est séparée du Tonquin par un contre-fort de la chaîne annamitique, et, de la province de Quang Binh, par le contre-fort de Hoan Sho'n, qui court des montagnes à la mer ; elle confine vers l'ouest à des territoires complétement inconnus. On prétend que la canelle et la cire du Laos arrivent aux ports de la côte, par les principales rivières qui plongent profondément dans ces régions inexplorées. Le Mê Kong se rapproche, en effet, de la chaîne annamitique vers le 18e parallèle. Francis Garnier raconte qu'à Lakon, ville laotienne, la commission d'exploration, commandée par Doudart de Lagrée, trouva une colonie annamite assez nombreuse qui avait émigré du Nghê An á la suite des guerres du Tonquin. Il serait donc important d'explorer cette région inconnue qui s'étend du 17e au 20e parallèle, entre le cours du Mê Kong et le golfe du Tonquin. [1]

Le sol des provinces de Thanh Hoa, Nghê An, Ha Tinh, généralement élevé et accidenté, est peu propre à la culture du riz, qui exige de vastes plaines. Aussi la production de riz est-elle insuffisante pour nourrir la population obligée de se livrer à la culture du coton, du mûrier, des graines oléagineuses, à la fabrication du sel, à la pêche, à l'élève du bétail, pour se créer des objets d'échange et subvenir à ses besoins par le commerce. Ces mêmes provinces sont riches en fer, cuivre, marbre et aussi en forêts qui renferment des essences propres à la construction et la meilleure cannelle connue, au dire des Annamites.

1. Depuis 1878, les missions géographiques en cette région ont été nombreuses et fécondes. Il suffit de citer les noms de MM. Harmand, Pavie, Aymonier, Fournereau, etc. (L. G.)

A partir du Quang Binh, la chaîne annamitique serre de
très près le rivage de la mer. Suivant les traditions indigènes, elle renfermerait de grandes richesses minérales. L'or, recueilli dans quelques-uns de ses torrents, peut
avoir donné crédit à une pareille opinion, qui attend une
exploration sérieuse de la chaîne avant de pouvoir être
confirmée. Le P. Legrand raconte, d'après les *Annales*, que le
Ciampa était autrefois riche en métaux précieux. Mais il ne
paraît pas, depuis la conquête annamite, que les vainqueurs
aient tenté l'exploitation de ces richesses. D'ailleurs, leur
activité a dû tout naturellement s'arrêter devant les hauts
plateaux occupés par des tribus indépendantes ou même
dépendantes d'Hué, dont, en ce cas, la suzeraineté ne peut
être bien effective. Ces tribus paraissent appartenir à des
races diverses. Parmi elles, les Cham, débris des Ciampois,
chassés de siècle en siècle le long de la côte, vers le sud,
n'ont été refoulés du rivage qu'après la conquête toute moderne des provinces de Nha Tran, et Binh Thuân, leur dernier refuge. Ils occupent encore dans ces deux provinces les
hauts plateaux de la chaîne annamitique. Il serait donc
facile aujourd'hui de faire étudier sur place ces débris du
peuple ciampois, qui disparaîtront un jour, assimilés et
comme fondus dans la population annamite.

A partir de la province du Quang Binh jusqu'à celle du
Binh Thuân, la largeur moyenne du royaume annamite,
entre les montagnes et la mer, est au plus d'une trentaine
de lieues. C'est une région montueuse, abondante en forêts,
coupée de torrents. Ces cours d'eau ont comblé de leurs
alluvions les baies de la côte primitive, formant ainsi des
plaines très propres à la culture du riz, mais dont l'étendue
est insuffisante à la nourriture des habitants. Aussi la population côtière a-t-elle été obligée, pour vivre, de chercher

des ressources dans le commerce maritime. Les embouchures nombreuses de ces petits fleuves forment autant de
ports accessibles aux barques de mer annamites, dont le
tirant d'eau n'est jamais considérable. Il y a sur cette côte
quelques bons mouillages pour les navires européens.

Le fleuve Tru'o'ng Tiên, qui longe le front méridional
de la ville d'Hué, se jette à la mer par une étroite embouchure, accessible aux petits avisos et aux canonnières.

« La ville d'Hué [1], à bien considérer, n'est que l'immense
« citadelle où se trouve concentré tout le pouvoir royal ;
« c'est la résidence du souverain, qui y tient ses troupes,
« ses parcs d'artillerie, ses trésors, ses arsenaux et ses
« magasins.

« Dans cette enceinte, à l'exception de quelques demeures
« de mandarins, on ne voit aucune maison particulière et
« aucun commerce ne s'y fait, si ce n'est celui de vendre du
« thé et des aliments aux troupes et aux domestiques des
« mandarins. Ceux qui font ce métier se tiennent dans de
« misérables barraques construites en bambou et couvertes
« de paille, qui, loin d'embellir la ville, la rendent plus
« désagréable à la vue. Tout le commerce, toutes les pro-
« fessions, ainsi que la bourgeoisie, sont relégués dans
« les faubourgs, à une certaine distance de la ville. »

Les Annamites, pas plus que les Chinois, n'ont de monuments remarquables par leur architecture. Sur un soubasse-
ment plus ou moins important s'élèvent leurs constructions en
briques, sans étages, surmontées d'un toit aux arêtes relevées
en pointe. On comprend qu'à l'exception des portes de citadelle, larges constructions surmontées d'un étage, une telle
ville ne doive que médiocrement frapper l'œil de l'Européen.

1. Voir les souvenirs d'Hué, de M. Duc Chaigne

De populeux faubourgs environnent la ville. On y distingue quelques rues, le reste des maisons se cache au milieu de jardins d'arbres fruitiers. A environ deux kilomètres, en descendant vers la mer, on remarque le port de commerce de Hué ; les jonques des trafiquants n'ont pas le droit de remonter plus haut, à moins que ce ne soit pour le service du roi, auquel cas elles ont accès dans la citadelle par le canal qui y pénètre. « Cette rue ou quartier, dit M. Chaigneau, s'appelle « Ba Vinh. Il s'y fait entre Chinois et Annamites un grand « commerce, surtout d'objets de luxe. »

Ce port est à douze kilomètres de la mer.

Quant à la population des environs de Hué, c'est, d'après le correspondant du *Courrier de Saigon*, une des plus pauvres que l'on puisse voir. Hué aurait, d'après lui, au moins cent mille âmes, chiffre qui paraît fort exagéré.

Les officiers qui ont assisté à l'échange des ratifications du dernier traité ont été frappés de l'aspect misérable des troupes formant la garde royale. C'est l'indice de la faiblesse militaire de ce gouvernement.

Le chiffre de la population de la Cochinchine proprement dite et la statistique de ses cultures sont inconnus. D'après M. Chaigneau, la population de l'empire d'Annam serait de 20 à 25 millions d'habitants.

Les renseignements récents de personnes qui ont parcouru le Tonquin portent le chiffre de sa population à 5 ou 6 millions d'habitants D'autre part, il n'est pas croyable que les douze provinces de la côte, dont la superficie est relativement faible et le sol peu cultivé, puissent nourrir une population supérieure à celle des treize provinces du Tonquin. Il résulte de là que les trois régions de l'Annam ne doivent pas compter plus de 12 millions d'âmes. La côte d'Annam passe pour plus salubre que la Basse-Cochinchine ; cela est d'ailleurs prouvé par la durée de la vie moyenne des missionnaires.

La Cochinchine proprement dite ne produisant pas le riz nécessaire à la nourriture de sa population, est obligée de venir
chercher le supplément qui lui manque au Tonquin ou en
Basse-Cochinchine. On récolte dans ses provinces, suivant la
qualité des terrains : le riz, le maïs, la canne à sucre, les graines oléagineuses, l'aréquier, le cocotier, le bétel, la cannelle, le mûrier, le coton, l'ortie de Chine, les fruits et les légumes de la zone torride ; le café y est cultivé par nos missionnaires, et seulement pour leur usage personnel.

La Basse-Cochinchine comprend le territoire entier de notre colonie. Définitivement annexée à l'Annam en 1758, elle
faisait originairement partie du royaume Khmer ou Cambodge [1], désigné par les historiens chinois sous le nom de
Kam Pou Cha ou celui de Chin Là, caractères que les lettrés
annamites prononcent *Cho'n Lâp.*

[1]. Le Cambodge, placé sous notre protectorat, est gouverné par un
roi absolu. Sa superficie est évaluée, dans la *Géographie du Cambodge*
de M. Aymonier, à cent mille kilomètres. Elle occupe donc près du double de la superficie de la Basse-Cochinchine. Sa population, qui habite
les bords du grand fleuve et des principales rivières, est d'environ un
million d'habitants. Les Cambodgiens sont bouddhistes. Entièrement
différents des Annamites comme race et comme langue, leur civilisation
vient de l'Inde et non pas de la Chine.

La capitale du Cambodge était primitivement Angkor, sur les bords
du grand lac. Les ruines nombreuses remises en lumière par Mouhot
et par la commission du Mé Kong, attestent que ce royaume a eu une
brillante civilisation. M. de Rémusat, dans ses *Mélanges asiatiques*, a
donné une description du Cambodge qui prouve qu'Angkor existait au
VIII⁰ siècle. Déjà puissant au XIII⁰ siècle, d'après la carte qu'en donne
Francis Garnier, dans le *Journal de la Société asiatique* de 1872, le
royaume Khmer a décliné sous les coups des Siamois d'abord, des Annamites plus tard. D'après la *Chronique royale*, recueillie au Cambodge
par de Lagrée publiée et annotée par Francis Garnier, le dernier roi cambodgien, qui ait habité Angkor, monta sur le trône en 1187. En 1570, les
Portugais découvrirent les ruines de la cité royale, visitée par Mouhot,
quelques années avant le passage de la commission du Mé Kong. Ce
royaume, en complète décadence aujourd'hui, n'a pas plus de dix habitants par lieue carrée.

En 1788, la Basse-Cochinchine, qui n'avait alors qu'une faible population de colons annamites, fut divisée en trois provinces. Sous Gia Long, le pays de Gia Dinh s'était déjà peuplé, on y comptait cinq provinces. Sous Minh Mang, le territoire fut divisé en six provinces. La Basse-Cochinchine est bornée : au nord, par le royaume du Cambodge et les tribus indépendantes des Moïs, peuplades vivant à l'état sauvage ; au nord-est, par le royaume d'Annam ; à l'est et au sud, par la mer de Chine ; à l'ouest, par le golfe de Siam.

Sa plus grande longueur au sud-ouest est de 385 kilomètres ; sa largeur de l'est à l'ouest est de 330 kilomètres carrés ; sa population est évaluée à 1 million et demi d'habitants [1]. Les 5 millions d'hectares de sa superficie représentent environ cinq fois celle du département de la Gironde ou celle de dix de nos départements ordinaires. On peut évaluer à 3 millions d'hectares la surface cultivable de notre colonie, dont 500 mille hectares [2], au plus, sont en culture ; c'est dire qu'il

1. Les tableaux statistiques pour 1873, publiés en 1876 par le ministère des colonies, donnent les chiffres suivants : Européens, 1,114 : indigènes, 1,885,328 ; résidents chinois, 40,520 ; tagals, 117 ; malais 16,638 ; malabar, 1,391 ; cambodgiens, 82,681 ; chams, 24 ; minh hu'o'ng, 285 : total, 1,487,007. En y ajoutant la population flottante : militaires, 4,027 ; fonctionnaires, 571 ; ouvriers de l'arsenal, 68 ; marine du commerce, 1,724 ; pilotes, 27 ; chinois et autres immigrants, 42,022 ; on obtient le total général de 1,525,496 âmes.

Culture : riz, 257,035h,38a ; canne à sucre, bétel, mûriers, tabac, 9,876b,86a ; arékiers, 31,759b,39a, jardins, légumes, arachides, indigo, 26,132h77a : palmiers d'eau, 5,265h ; poivre, 84h ; salines, 400h ; soit un total de : 340,103h,40a.

2. Si l'on réfléchit que les chiffres des cultures sont fournis par les communes pour la répartition de l'impôt, qu'elles ont intérêt à diminuer le plus possible la surface imposable, on peut croire sans exagération que le chiffre des terres cultivées doit être d'environ un demi-million d'hectares.

Le document officiel évalue pour 1873 l'importation à 67 millions, et l'exportation à 88 millions de francs. Or, le riz compte dans l'exportation de 1873, pour 4,453,857 piculs qui, à 6 francs, taux du document officiel, valent 26,719,192 francs. Comme le riz est l'article d'exportation de beaucoup le plus important, le chiffre de 88 millions nous paraît très exagéré.

n'y a de cultivé que le dixième de la surface totale et le sixième de la surface cultivable.

Descendant du Tibet, le cours torrentueux du Mé Kong
traverse la province chinoise du Yun Nan et le Laos Birman,
devient navigable à son entrée dans le Laos Siamois et se
précipite, par les rapides de Khon, dans son bassin inférieur,
portant la vie dans le royaume du Cambodge et dans la Basse-
Cochinchine.

Le cours moyen du Mé Kong, tout entier situé dans le Laos
Siamois, est loin d'être facilement navigable. Son lit parsemé de roches et de rapides, principalement de Vienchang
à la frontière birmane, et de Pakmoun à Kemarah, ne paraît
praticable à la navigation à vapeur que dans certaines parties
du cours du fleuve.

Arrivé aux rapides de Khon, au milieu d'un réseau d'îlots
et de rochers qui le divisent en plusieurs bras, le fleuve glisse
par une pente rapide du bassin moyen dans le bassin inférieur.
Il forme dans certains bras des chutes de 15 mètres de hauteur, tandis que dans d'autres son cours, plus sinueux, roule
sur un plan incliné, praticable, malgré de dangereux cou-
rants, pour les pirogues indigènes, mais infranchissables
pour nos bateaux européens.[1]

1. De récents travaux modifieraient aujourd'hui l'opinion de Luro. Pendant trois années (1893-94-95), des officiers de marine : MM. Barthélemy
et Georges Robaglia; M. Simon, de concert avec MM. Le Vay et Pi, reprenant les travaux de Doudart de Lagrée, de Francis Garnier, de Reveil-
lère, etc., ont complété l'hydrographie du Mékong sur un parcours de
2.500 kilomètres. Depuis le passage de la grande commission d'exploration
(1866-68), diverses tentatives avaient eu lieu pour pousser la navigation à
vapeur au-delà de Kratié (Cambodge). M. le lieutenant de vaisseau Simon et ses deux compagnons, ont réussi à mettre à flot, au dessus des
chutes du Bas-Mékong, deux chaloupes canonnières: le *La Grandière*
et le *Massie*; à franchir les grands rapides, dits de Kémarat, qui comprennent un espace de plus de 120 kilomètres; à montrer le pavillon français dans le grand bief du fleuve jusqu'à Vien-Tiane, et enfin, dépas-

Dans le bassin inférieur, une ligne de bateaux à vapeur fait communiquer Saigon, le chef-lieu de notre colonie, avec les postes militaires les plus importants et avec Phnom Penh, capitale du royaume du Cambodge.

Malgré les difficultés de navigation du cours moyen du Mé Kong, aujourd'hui que, par le traité de 1875, nous avons assuré notre influence sur tout le royaume d'Annam, il semble que le gouvernement de notre colonie doit porter tous ses efforts vers cette région. Il faut y créer une route commerciale, libre d'entraves, qui amène les marchandises du Laos sur les marchés de Phnom Penh et de Saigon. Les richesses naturelles très considérables du cours moyen du fleuve sont sans débouché, puisqu'elles n'arrivent à Siam qu'à dos d'éléphant et qu'elles ne peuvent, dans l'état actuel des communications, parvenir jusqu'à Saigon, à cause des difficultés politiques et des barrières douanières que met à la libre circulation des marchandises chaque petit potentat dont le territoire touche la rive [1].

Le bassin inférieur du Mé Kong est remarquable par les nombreux cours d'eau et les canaux qui l'arrosent. Tandis que le grand fleuve, comme l'appellent les Annamites et les Cambodgiens, arrivé à Phnom Penh, remonte par le bras du grand lac jusqu'au cœur du Cambodge, il descend par deux autres bras, le *fleuve antérieur* (Tiên giang) et le *fleuve postérieur* (Hâu giang) vers la Basse-Cochinchine.

---

sant les prévisions les plus optimistes, à remonter en canonnière jusqu'à Luang-Prabang, puis jusqu'à Xieng-Khong et Tang-Ho, c'est-à-dire jusqu'au cœur du fameux État-tampon préconisé par l'Angleterre et à l'établissement duquel nous avons eu la sagesse de nous opposer. Les travaux hydrographiques de MM. Simon, Le Vay et Pi ont promené pacifiquement nos couleurs de la province de Bassac, jusqu'à celle de Xieng-Sen (L. G.).

1. Sous Gia Long et Minh Mang, la rive gauche du fleuve était sous la suzeraineté de la cour d'Hué ; il faudrait faire revivre ces droits à notre profit. Les derniers traités de délimitation (1836) comblent, en grande partie, ce désidérata (L. G.).

3

Les eaux du Mé Kong communiquent par deux canaux avec le golfe de Siam, tandis que par de nombreuses embouchures la majeure partie de ces mêmes eaux vient se perdre dans la mer de Chine, ou se réunir par des canaux intérieurs aux cours d'eau secondaires de nos provinces.

Il semble que le bassin inférieur du Mé Kong soit délimité par une immense courbe aux formes irrégulières, qu'il est venu combler de ses alluvions, aidé, dans ce travail séculaire, par le Don Nai, qui prend ses sources dans les contreforts de la chaîne annamitique et par les deux branches du Vaïco (Vam Cô), qui naissent des infiltrations du grand fleuve dans la plaine des Joncs. En effet, l'arête qui termine brusquement par des rapides le cours moyen du Mé Kong, remonte à gauche vers la chaîne annamitique, tandis qu'à droite elle s'infléchit, bordant le plateau ondulé et désert qui contourne au nord le bassin du grand lac et vient rejoindre le système orographique, encore peu déterminé, qui sépare le versant laotien du versant siamois. Ce système se prolongeant à l'est et au sud du grand lac, vient finir à Ha Tien par des sommets isolés qui émergent, îles dans la mer, montagnes dans la plaine, de Chau Dôc au Rach Gia.

Dans cette immense courbe, le fleuve fertilise de ses inondations, depuis le mois d'août jusqu'au mois de novembre, les plaines basses du royaume du Cambodge et se répand dans la plaine des Joncs, vaste marais qui s'étend du Rach Gia à la montagne de Tay Ninh. Au-dessous de la plaine des Joncs, le fleuve rentre dans son lit, laissant à nu le sol le plus cultivé et le plus peuplé de nos provinces, élevé seulement de quelques centimètres au-dessus du niveau des plus hautes marées.

Le territoire de la Basse-Cochinchine était, avant la conquête par les Français, divisé en six provinces. Aujourd'hui, la province, unité administrative des Annamites, n'a plus chez nous qu'une signification purement géographique. Mais les dix-neuf circonscriptions administratives qui, sous le nom d'*Inspections*, se partagent actuellement la Cochinchine, ayant une origine purement militaire, et leur nombre dépendant de l'état de pacification du pays, il est inutile d'en faire l'énumération ; il suffit de donner une idée générale des six provinces.

Le fleuve antérieur, bras oriental du Cambodge, divise le pays en deux parties du nord au sud : sur la rive gauche sont les trois provinces orientales, sur la rive droite les trois provinces occidentales.

La province de Bien Hoà est limitée au nord et à l'ouest par la frontière annamite, au sud par la mer, à l'est par la rivière de Saigon qui naît dans les forêts montueuses du pays des Moïs, se réunit au fleuve Don Naï au-dessous de Saigon et se jette à la mer au cap Saint-Jacques.

Elle a pour chef-lieu Bien Hoà, petit village annamite, situé entre le Don Naï et la citadelle, résidence des autorités civiles et militaires; c'est aujourd'hui un centre d'inspection.

La portion du territoire de la province, comprise entre le Don Naï et la rivière de Saigon, présente d'abord une plaine basse couverte de rizières, puis le sol s'élève, devient montueux et s'enrichit de cultures variées et d'arbres fruitiers. Mais à mesure qu'on avance vers le nord, la population devient moins dense. Enfin, la forêt, habitée par des tribus sauvages, envahit tout le reste du territoire.

Dans la région comprise entre le Don Naï et la frontière du Binh Thuân, aux plaines des bords du fleuve, succèdent de larges plateaux, coupés de ravins, de collines et de quelques montagnes, dont la plus haute ne dépasse pas 400 mètres. La chaîne qui passe par Nui Dinh et va mourir au cap Saint-

Jacques sépare la province en deux versants, l'un vers le Don Nai, l'autre vers la mer.

L'Annamite recherche la vallée du Don Nai, celle de la rivière de Saigon et de leurs affluents remontés par les marées. Il dédaigne au nord et à l'ouest les forêts du Moïs, la culture des montagnes et des plateaux. Il aime la plaine au niveau des cours d'eau, ses véritables routes, la plaine qui produit le riz en abondance. Il se livre à la culture de la canne à sucre, principalement dans la vallée du fleuve, en amont et en aval de Bien Hoá.

La région de Baria, sillonnée d'arroyos communiquant entre eux, avec le Don Nai et avec la mer par plusieurs bouches, est remarquable par ses salines.

Cette province n'est guère peuplée. Dans les terrains à niveau de l'eau elle produit le riz et la canne, dans ses terrains un peu plus élevés, le maïs, les légumes, la sézame, l'arachide, le tabac, le coton, l'indigo, l'ortie de Chine. Les jardins, surtout au nord de Saigon, sont remplis de manguiers, de tamariniers, d'orangers, de citronniers, de bananiers et d'autres arbres tropicaux.

A part le riz, tous ces produits sont absorbés par la consommation locale ; ceci est généralement vrai pour toute la Basse-Cochinchine. Les montagnes de la province fournissent le granit ; ses bois, les matériaux de constructions et l'huile. Dans ses forêts errent le tigre, la panthère, le rhinocéros, l'ours, l'éléphant ; dans ses plaines, le bœuf sauvage, le daim, le cerf, l'axis ; dans ses fourrés, le paon et le coq à l'état sauvage, le faisan, la perdrix ; ses rivières abondent en poisson et en gibier d'eau.

La province de Saigon avait autrefois pour chef-lieu Saigon, résidence du Kinh Lu'o'c, surintendant général de la Basse-Cochinchine ; Saigon est aujourd'hui le chef-lieu de notre colonie. La province est limitée au nord par la région montueuse et forestière habitée par les Stiengs et par le royaume du Cambodge; à l'ouest, par la rivière de Saigon qui la sépare de la province de Bienhoa; au sud, par la mer et le bras le plus oriental du grand fleuve; à l'est, par le Rach Ca Hon, le Rach Ba Ly, le Rach Vung Gu (arroyo de la poste) et le Vaïco occidental.

Cette province est séparée en deux régions distinctes par les arroyos intérieurs canalisés, qui réunissent Saigon à Mi Tho, et dont l'ensemble forme ce qu'on appelle l'arroyo chinois, jusqu'au Vaïco, et l'arroyo de la Poste vers Mi Tho. Au sud de l'arroyo chinois, le sol de la province est une immense plaine dont la partie voisine de la mer, couverte de forêts de palétuviers, est submergée par les hautes marées, tandis que la partie émergée, de beaucoup la plus considérable, est complétement cultivée en rizière et sillonnée de cours d'eau communiquant en tous les sens. Le peuple habite le bord de ces cours d'eau, dans des paillotes entourées d'aréquiers, de cocotiers et de bambous. La fertilité de ces rizières fait que la population y est très dense.

Au-dessus de l'arroyo chinois, la partie comprise entre la rivière de Saigon et le Vaïco occidental est généralement élevée. Quant au pays compris au nord de l'arroyo de la Poste, entre les deux Vaïco, il n'est cultivé que sur les bords de l'arroyo; le sol subit ensuite une dépression et se transforme en un vaste marais, que les Français ont nommé la *plaine des Joncs*. Ainsi, la partie nord de la province n'est cultivable qu'entre le Vaïco occidental et la rivière de Saigon. Dans cette région, le bord des arroyos est naturellement occupé par les rizières auxquelles succèdent bien vite les terres plus légères et plus élevées, cultivées en arbres fruitiers, arachides, tabac, indigo, bétel, poivre, haricots, ananas, patates, légumes [1]. La partie qui s'étend au nord de la ville de Saigon est surtout riche en cultures variées et en fruits, dont l'écoulement est toujours assuré sur les marchés de Saigon et de la ville chinoise.

Plus au nord le sol devenu montueux se couvre de forêts; la population annamite, plus clair-semée, joint à ses cultures l'élève du bétail.

La province de Dinh Tu'o'ng avait pour chef-lieu Mi-Tho, actuellement centre d'une inspection ; les autorités provinciales résidaient dans la citadelle. Celle-ci, transformée en poste militaire, est entourée de plusieurs villages annamites, agglomérés sur les deux bras qui font communiquer l'arroyo de la Poste avec le fleuve. Parmi les paillotes on remarque, sur les quais, quelques maisons couvertes en tuile, et une belle église catholique. Mi Tho a une école laïque entretenue par le gouvernement, une école catholique dirigée par des frères. Son port est fréquenté par le cabotage indigène.

La province est bornée au nord par le royaume du Cambodge, à l'ouest par la province de Saigon, au sud et à l'est, par le fleuve antérieur. Il faut remarquer un peu au-dessus de l'arroyo de la Poste le canal Ba Beo, que l'on a baptisé arroyo commercial ; il joint le Rach Chanha et le Rach Cai Thia, et fait communiquer le fleuve antérieur avec le Vaïco occidental.

Au nord de ce canal, sauf sur le bord du grand fleuve, le sol de la province est occupé par la plaine des Joncs. Au sud, le sol, admirablement fertile, est parsemé de cours d'eau, habités par une population très dense ; il est couvert de rizières, de plantations d'arequiers et de cocotiers. Entre l'arroyo de la Poste et l'arroyo commercial, le territoire est traversé par quelques faibles ondulations (appelées Giong par les Annamites)

1. Depuis quelques années M. Blanchi y a créé une plantation de caféiers (1878).

dont le sol est couvert de cultures variées, parmi lesquelles il importe de signaler le coton et le mûrier.

Le fleuve antérieur, à son entrée en Basse-Cochinchine, coule dans la direction du N.-O. au S.-E. Parvenu au milieu de son parcours, sur notre territoire, il s'infléchit brusquement, et prend la direction perpendiculaire du N.-E. pendant quelques milles. C'est là qu'il se divise en deux branches : l'une, le Co Khien, reprend aussitôt la direction générale du S.-E. et va se jeter à la mer par deux embouchures ; l'autre, la plus orientale, se relève vers l'est et garde le nom de fleuve antérieur. A quelques milles au dessous de ce point de partage, ce fleuve antérieur, tout en continuant son cours, donne naissance à deux nouveaux bras : le Ham Lu'o'ng qui a deux embouchures sur la mer, et le Ba Lai qui n'en a qu'une. Enfin, au dessous de Mi Tho, le fleuve antérieur se divise des deux côtés de l'ile Dai Châu et se jette à la mer par les bouches appelées par les Annamites l'une la grande embouchure (Cu'a Dai), l'autre la petite embouchure (Cu'a Tiêu). Cette dernière, la plus profonde et la plus orientale de toutes les bouches du Cambodge, est accessible en toute saison aux navires dont le tirant d'eau ne dépasse pas quatre mètres. De là, on remonte le bras antérieur du fleuve par des fonds magnifiques jusqu'à Phnom Penh et au-dessus, ou bien l'on passe dans ses autres bras, tous régulièrement parcourus par les messageries à vapeur de Cochinchine.

Le fleuve postérieur, semé d'iles nombreuses, se jette à la mer par les deux bouches de Dinh An et de Ba Tac, après avoir traversé toute la Cochinchine dans la direction du N.-O. au S.-E.

La province de Vinh Long avait pour territoire l'espace compris entre le fleuve antérieur, la mer, le fleuve postérieur et le petit canal qui fait communiquer le Rach Cai Vung, dont l'embouchure est sur le fleuve postérieur, vis-à-vis du Can Tho', avec le Cai Tau Ha sur le fleuve postérieur, un peu au-dessus de la citadelle de Vinh Long.

La province avait pour chef-lieu Vinh Long, situé à l'angle formé par le Cỏ Kien et le Long Ho. Sa citadelle, position stratégique importante, était la résidence des autorités civiles et militaires ; elle est aujourd'hui occupée par une garnison française. Vinh Long, siège d'une inspection, est formée de plusieurs villages agglomérés sur la rive droite du Co Kien et les deux rives du Long Ho. C'est un marché important et un port très fréquenté par les barques de mer de la côte an-namite.

La province de Vinh Long, qui occupe tout le bas delta du grand fleuve, est remarquable par les nombreux cours d'eau et les canaux mettant en communication les divers bras du fleuve, ou servant simplement de canaux agricoles et de voies de communication. Le bord des cours d'eau, couvert de plantations d'arequiers et de cocotiers, dans lesquelles se cache une population très-dense, l'intérieur des plaines, occupé par des rizières excessivement fertiles, en font une des provin-ces les plus riches de notre colonie. Entre le Cỏ Kien et le fleuve postérieur, vers le sud de la province traversé par des giongs, on trouve encore les restes de la population cambod-gienne, organisée en villages sous des chefs de sa race. L'An-namite, dont la civilisation est supérieure, les absorbe peu à peu. Vinh Long produit du riz, de la canne, du mûrier, du bétel, des cocos, de l'arec, des fruits, des feuilles de palmier d'eau.

La province d'An Giang, qui s'étendait de la frontière du Cambodge à la mer, avait pour chef-lieu Châu Dôc, actuelle-ment centre d'une inspection. Sa citadelle, transformée en poste militaire, surveille la frontière du Cambodge. Cette province est bornée à l'ouest par la province de Vinh Long et le fleuve antérieur ; à l'est par une ligne qui coupe en deux, des frontières à la mer, le territoire compris entre le fleuve postérieur et le golfe de Siam.

Le canal de Vinh Te fait communiquer Châu Dôc avec Ha Tien, et le canal de Vinh An lui donne accès sur le fleuve antérieur. Au croisement de ces routes fluviales se groupent, aux environs de la citadelle, des villages annamites et malais, mélangés aussi de population cambodgienne. Les paillotes bâties au-dessus du sol, sur pilotis, et les hautes chaussées qui servent de rue, indiquent que le Cambodge vient annuellement inonder Châu Dôc.

La région de la province comprise entre le fleuve antérieur et le fleuve postérieur, couverte de riches cultures d'indigo, riz, mûrier, canne à sucre, arequiers, cocotiers, arbres fruitiers, a son centre commercial à Sha Dec, marché le plus important des provinces occidentales, situé à douze milles au-dessus de Vinh Long. Cette région, découpée en îlots innombrables par les arroyos et les canaux qui la croisent d'un fleuve à l'autre, est habitée par une population très dense. C'est en effet un sol de prédilection pour l'Annamite qui aime à habiter le bord des rivières.

Sur la rive droite du fleuve postérieur, à partir de la frontière, le sol de la province participe de la nature des pays inondés du Cambodge, jusqu'au marché de Long Xuyên. Les berges du fleuve sont cultivées ; en arrière, la plaine, couverte d'herbes, de bambous, de forêts de tram, est déserte ; du canal de Vinh Tê au canal du Rach Gia, quelques sommets isolés émergent de la plaine, ces terrains élevés sont habités par des Cambodgiens.

Au dessous du marché de Long Xuyên, bâti à l'entrée du canal du Rach Gia sur le fleuve, l'inondation ne se fait sentir qu'aux heures de haute marée; elle cesse un peu plus bas. Une large zone cultivée s'étend le long de la rive droite, entourée d'une ceinture de forêts, de plaines herbacées et marécageuses. La population annamite, pénétrant par les arroyos nombreux qui débouchent sur la rive droite, a fait peu à peu reculer la forêt devant ses défrichements. Enfin, au sud de la province, toujours sur la même rive, le sol se relève et forme le pays de Shoc Trang, habité par les Cambodgiens environnés le long du fleuve par les Annamites et le long de la mer par les Chinois et métis de Chinois qui exploitent les salines.

En somme, cette province, qui a environ 50 lieues de long sur une largeur moyenne de 15 lieues, est bien inférieure en population à celle de la province de Vinh Long, qui n'a pas la moitié de sa superficie. C'est qu'elle contient d'immenses espaces déserts, couverts d'herbes, de marécages ou de forêts.

La province de Ha Tien s'étendait de la frontière du Cambodge jusqu'à la mer de Chine, bornée à l'ouest par les solitudes de la province d'An Giang, à l'est par le golfe de Siam.

Elle avait pour chef-lieu Ha Tien, aujourd'hui centre d'inspection. Sa citadelle, importante à cause de la proximité de la frontière, était la résidence des autorités civiles et militaires. Le port de Ha Tien, accessible aux barques annamites, est à peine praticable pour nos petites canonnières. Plus bas sur la côte, le port de Rach Gia, qui, comme Ha Tien, communique par un canal avec le fleuve postérieur, est malheureusement tout aussi inaccessible à la navigation européenne. Ces deux ports reçoivent le cabotage indigène du golfe de Siam et de Singapoor, et surtout la contrebande destinée à la Cochinchine. La région montueuse qui borde la mer, près de Ha Tien, est remarquable par les poivrières que les émigrants chinois et leurs métis y cultivent.

Sauf quelques terrains élevés, habités par les Cambodgiens. sauf quelques villages d'aventuriers annamites, fixés à Ha Tiên, au Rach Gia, ou sur quelques points reculés de la presqu'île de Ca Mau, à part ces quelques endroits, la province de Ha Tien n'est qu'un vaste désert couvert de marécages, de forêts, de plaines herbeuses. L'éléphant erre en paix dans ces solitudes ; l'ours y dispute le miel au Cambodgien ; les grands oiseaux de marais y vivent plantureusement de leur pêche ; des légions de moustiques, répandus sur toute la surface du pays, y rendent la vie insupportable, même à l'indigène, partout où il ose se fixer.

En résumé, entre les vastes forêts de l'ouest et du nord-ouest, habitées par les Moïs, l'immense plaine des joncs, au nord, et les plaines désolées de la province de Ha Tiên et d'une partie An Giang, à l'est. s'encadre la région la mieux arrosée du monde. Semée de rivières et de canaux en tous sens, véritables routes qui marchent sous l'action alternative des marées, elle produit en abondance le poisson et le riz pour la nourriture de ses habitants. Le bord de ses cours d'eau, couvert de bananiers, de cocotiers, d'arequiers, de bambous, cache au milieu de jardins continus une population agricole très dense. Derrière ce rideau de verdure, apparaît, par échappées, la plaine immense, jaune de ses moissons, bordée à l'horizon par une ligne d'arbres qui indique un autre cours d'eau. Pas un pouce de terrain n'est perdu ; la propriété est très divisée. La vie surabonde dans ces arroyos : ici passent, chargées de riz, de grosses barques aux lourds avirons maniés par des rameurs debout, à demi nus ; là glissent des sampans, sortes de gondoles légères conduites par deux femmes debout, penchées sur leur rame, l'une à l'avant, l'autre au gouvernail qu'elles manœuvrent du pied ; plus loin un enfant conduit d'un air grave, dans un frêle pirogue dont les

bords affleurent l'eau, sa vieille mère, accroupie pour maintenir l'équilibre. On sent que la vie de l'Annamite est sur l'eau,
quand on voit tout ce monde s'entre-croiser, parler, rire et
chanter, au milieu de ce paysage en plein soleil.

En Basse-Cochinchine, à part Saigon et la Ville chinoise,
que les Annamites appellent Cho'lo'n (le grand marché), il n'y
a pas de ville. On ne peut donner ce nom aux marchés, très-
importants d'ailleurs, de Sha Dec, Vinh Long et Mi Tho.

L'arroyo chinois, arroyo de la Poste, qui porte plusieurs
noms en annamite, comprend une ligne d'arroyos, reliés
entre eux par des canaux, mettant en communication Saigon
avec Mi Tho. Ses dos d'âne (on appelle ainsi le point de partage des eaux dans les canaux sans écluses de l'Annam), sont
assez profonds pour permettre aux plus grosses barques
annamites de circuler. A Mi Tho viennent aboutir toutes
les barques des trois provinces ; de là, s'engageant dans
l'arroyo de la Poste, ramant avec la marée favorable, se repo-
sant au mouillage pendant la marée contraire, elles finissent
par arriver à Cho'lo'n, la ville chinoise. C'est là qu'est le
grand entrepôt de la Cochinchine, à cinq kilomètres du port
de Saigon. Cho, lo'n est établi au croisement de l'ancienne
voie, le Lo Gum, et du canal de rectification de ce cours d'eau.
La ville, singulièrement embellie, presque entièrement rebâ-
tie depuis notre conquête et coupée en travers par deux
canaux qui joignent le canal au Lo Gum, a un développement
de quais de plusieurs kilomètres. La vie commerciale est
tout entière sur les quais, bordés de maisons à un étage de
très bon aspect. Un beau marché, dallé en granit, occupe le
centre de la ville. Des ponts nombreux, très élevés au-dessus
du niveau des quais pour laisser la libre circulation des
canaux, à toute marée, aux barques qui arrivent ou partent,
donnent un aspect singulier à cette ville affairée. L'époque

où l'activité est la plus grande à la ville chinoise, est celle qui
suit la récolte du riz. Car c'est dans les magasins des négo-
ciants chinois que passent les quatre millions de piculs de riz
destinés à l'exportation. D'un bout à l'autre des quais, les barques serrées à se toucher, debout à la berge, stationnent
devant les magasins. Des coolies chinois, demi-nus, portent
en sacs sur l'épaule, le riz pris dans les barques, tandis que
d'autres Chinois rapportent dans de grands chalands le riz
mis dans des sacs neufs, pesé, étiqueté, prêt à partir pour Saigon, où les vapeurs l'attendent pour l'emporter en Chine, au
Japon, à Java, dans l'Inde, à Manille, à Bourbon, quelquefois même en France. Du matin au soir, c'est un croisement,
un va-et-vient perpétuel, de portefaix chargés, de gens af-
fairés, de voitures qui partent pour Saigon ou en reviennent.

Dans l'intérieur de Cho'lo'n l'aspect change : là sont les
magasins des détaillants, tenus par des Chinois, si le commerçant est important, par des femmes annamites, s'il s'agit
de petit commerce. L'étalage est habilement fait. Grainetier
marchand de comestible, restaurateur, pharmacien, tailleur,
cordonnier, orfèvre, quincailler, marchand de coffrets, pâtis-
sier, chacun a son enseigne, son nom sur la porte, en beaux
caractères chinois artistement peints en noir, en rouge, en
bleu, en or, suivant la fortune ou le caprice du maître de l'é-
tablissement. Les chalands entrent, sortent, c'est un mouvement continuel. Le soir, les boutiques restent ouvertes, les
rues éclairées par la municipalité, sont en outre illuminées
par des lanternes vénitiennes, aux formes et aux couleurs les
plus variées et les plus gracieuses, qui portent, en lettres
transparentes, l'enseigne du marchand. La ville est régulièrement percée et très proprement tenue ; la police française
ayant enfin plié le Chinois à nos habitudes.

Cho'lo'n a au moins trente mille âmes. La population chinoise est la plus nombreuse ; la population annamite semble absorbée par les fils de l'empire du Milieu, aussi vit-elle loin des rues bruyantes où le commerce est très actif. Le Chinois arrive généralement à Cho'lo'n sans femme ; il se marie à une Annamite, aussitôt qu'il a quelque pécule. Rien de sobre, d'industrieux, de résistant à la fatigue comme le Chinois. Débarqué en Cochinchine, sans argent, aucun métier ne le rebute. Il épargne d'abord sou à sou pour avoir une femme. Puis il continue à épargner pour monter un petit magasin. En quelques années, si le sort le favorise, ses affaires grossissant de jour en jour par son intelligence et son activité, il devient un grand négociant. On le voit alors remuer des millions, ne pas reculer devant les spéculations les plus hardies et recommencer plusieurs fois sa fortune, si la malechance s'obstine à défaire l'édifice qu'il a patiemment élevé. Fin, ordonné, hardi, rond en affaires, le grand négociant chinois ne le cède en rien à l'Européen. Sa correspondance, sa comptabilité, sa caisse sont tenues avec le même soin que chez nous. C'est plaisir d'entrer dans une de ces grandes maisons, où des commis élégants, bien vêtus, s'empressent autour de vous, tandis que le patron s'avance avec politesse pour vous recevoir et vous offrir le thé.

C'est une vraie Babel que la ville chinoise. Sept congrégations appartenant à des régions différentes de la Chine, et dont la langue vulgaire n'est pas la même, s'entendent cependant, parce qu'elles ont adopté l'annamite vulgaire comme idiome unique, et que l'écriture idéographique est commune à tous les Chinois et aux Annamites.

L'esprit de solidarité entre les membres d'une même congrégation est remarquable. C'est la cause puissante qui soutient le commerce chinois et favorise les efforts des nouveaux immigrants.

A partir de la ville chinoise, si l'on ne prend pas la route qui longe l'arroyo chinois, le terrain se relève lentement. L'arête culminante de ce plateau domine de 10 mètres la rivière de Saigon, environ à 500 mètres en arrière de la berge. Ce plateau s'abaisse assez brusquement sur l'arroyo de l'avalanche au nord, tandis qu'une plaine de 1,000 mètres environ le réunit au sud à l'arroyo chinois. Devant la ville, la rivière de Saigon, large de 400 mètres, profonde de 10 à 15 mètres, offre un magnifique mouillage aux navires de toute grandeur qui fréquentent le port. Vers l'arroyo de l'avalanche est le port de guerre et l'arsenal maritime : vers l'arroyo chinois, plutôt en aval qu'en amont, se trouve le port de commerce. Les établissements des messageries maritimes occupent l'angle de la rivière et de l'arroyo chinois, en face de la ville, attendant le pont qui doit les relier un jour à Saigon. La plaine qui s'étend entre le quai de l'arroyo chinois, la rivière et le plateau, est occupée par le commerce ; là, pas d'espace perdu ; les maisons bien bâties s'alignent et se serrent le long des rues ; Européens et Chinois sont entremêlés. Sur le plateau, au nord, la citadelle ; au sud, le palais du gouverneur. Entre ces deux points, et en avant, l'hôpital, les établissements religieux, les bureaux des administrations, le palais de justice, la prison ; en arrière la ville des fonctionnaires, quartier composé de maisons qui sont toutes bâties entre cour et jardin.

La conquête avait détruit l'ancien Saigon ; le plan de la nouvelle ville, largement dessiné, a été plus qu'une résurrection. De grands boulevards ornés de jardins, de larges rues bordées d'arbres, en ont fait une ville parfaitement comprise pour les pays tropicaux. Pour créer Saigon il a fallu écrêter le plateau qui le dominait, combler les marais qui l'enserraient, faire des rues et bâtir des maisons sur ce sol mouvant.

La ville progresse de jour en jour ; si elle continuait à croî-
tre dans la proportion où elle a grandi depuis dix ans, si la richesse de la colonie était en rapport avec le magnifique plan
de sa capitale, avant un siècle la cité nouvelle compterait
cinq cent mille habitants.

Dans la ville de Saigon, vivent mélangées des populations
de civilisation diverse. Les Européens, les Annamites, les Chinois, les Malais, les Indiens, les Africains se coudoient dans
les rues. L'Européen est fonctionnaire, prêtre ou commerçant. L'Annamite est fonctionnaire, soldat, artisan, batelier,
valet. Le Chinois est négociant, commerçant, commis, bijou-
tier, tailleur, cordonnier, blanchisseur, forgeron, maçon,
charpentier, maréchal-ferrant, fabricant de voitures, peintre
en bâtiment, maraicher, boucher, cuisinier, et forme la partie la plus industrieuse de la population de la ville. Le Malais
n'aime que soigner des chevaux ou conduire des équipages.
L'Indien est un banquier-usurier hors ligne ; il a l'amour
des procès. Suivant les castes auxquelles il appartient, il est
aussi fonctionnaire, commis d'administration ou de commerce, voiturier, cuisinier, valet, cafetier, marchand de
lait.

La population annamite occupe, autour de la ville, de grands
faubourgs où elle vit à sa guise, bâtissant sa paillote près des
cours d'eau, ou dans les rues avoisinant les marchés, ou encore au milieu de petits jardins plantés d'arbres fruitiers.
Certains auteurs évaluent la population de Saigon à cent mille
âmes ; il n'y a pas encore de statistique officielle, mais le chiffre de cinquante mille âmes parait suffisamment élevé à ceux
qui ont habité notre colonie.

En arrière de Saigon, du côté opposé au fleuve, s'étend
une immense plaine dénudée, bordant le côté droit de la route
stratégique qui mène du chef-lieu à Cho'lo'n ; c'est la nécro-

pole des Annamites et des Chinois. En arrière de cette route, à une distance de cinq kilomètres, s'étendent à perte de vue les innombrables tumulus, en terre ou en pierre, qui recouvrent ceux qui ont jadis habité ces deux villes. Dans le nombre se trouvent de très remarquables monuments funéraires, entourés de hautes murailles, percés de portes élégantes donnant accès sur une cour intérieure, dallée, au milieu de laquelle s'élève, sous forme de pagode, ou de sphinx dont on aurait coupé la tête, la tombe de quelque illustre défunt. Des ornements et des inscriptions à demi effacées, font songer que ces hautes familles ont fui leur pays devant la conquête des barbares de l'Occident. Dieu fasse que la domination étrangère soit toujours bienveillante, éclairée et juste pour les vaincus !

Le climat de la Basse-Cochinchine est celui des trois régions de l'Annam, le plus difficile à supporter. La température moyenne de l'année est de 28°. La chaleur maximum ne dépasse pas 34° à l'ombre. mais c'est à peine si pendant quelques nuits de décembre ou de janvier elle descend à 19°, tandis que à Hué on la voit s'abaisser jus'qu'à 14° et au Tonquin jus'qu'à 6°.

L'air saturé d'humidité, pendant la saison des pluies, d'avril à septembre, reste encore humide pendant la saison sèche, à cause de l'évaporation considérable due aux nombreux cours d'eau et aux marais. Aussi la tension électrique de l'air est-elle très-fatigante, surtout à l'époque des orages, au moment du changement des moussons.

Sous l'action de cette chaleur sans relâche, l'Européen, né pour les climats tempérés, doit craindre l'anémie, les maladies du foie et celles des intestins. Au milieu de cet air chargé de vapeurs, il peut redouter la cachexie paludéenne ou les fièvres intermittentes. Sa vie doit donc être sobre et régulière, s'il veut pouvoir affronter, pendant plusieurs années, ce climat redoutable. Il faut en outre que, par des retours périodiques en France, il prévienne l'épuisement de ses forces. Aux heures chaudes du jour, il ne doit point sortir sans prendre ses précautions contre le soleil ; l'insolation ne pardonne guère. Aussi la vie de l'Européen, en Cochinchine, se passe-t-elle autant que possible à l'ombre, de neuf heures du matin à quatre heures du soir. C'est à cinq heures seulement que les promeneurs se montrent dans les rues de Saigon. Les voitures attelées de petits chevaux annamites, pleins de feu, s'éloignent de la ville par les jolies routes qui l'environnent. Les uns poussent leur promenade jusqu'à la ville chinoise, les autres s'échappent par les routes ombragées du Go Vap, ou vont respirer au jardin botanique ou au jardin public. A sept heures, alors que la chaleur du jour est tout à fait tombée, on rentre à Saigon pour chercher l'air frais sous les pancas ou les hautes vérandas.

L'Annamite, bien qu'appartenant à la race jaune, race des zones tempérées, s'est progressivement acclimaté en Cochinchine ; le peuple de Giao Chi a longtemps stationné au Tonquin et il a ensuite descendu la côte lentement, siècle à siècle. En outre, le mélange des races, inséparable de la conquête, lui a permis de puiser des forces dans le mariage avec les peuples autochtones qu'il refoulait sur la chaîne annamitique, ou chassait devant lui vers la mer. D'ailleurs, les Chinois des deux Quang, du Fo Kien, de Hai Nan, qui ont, à toute époque, immigré en très grand nombre dans les pays annamites, paraissent supporter avec facilité le climat de la Cochinchine. Ce fait semblerait indiquer, chez les individus de race chinoise, une plus grande aptitude à vivre dans les climats chauds, que chez les colons de race européenne. Cependant il faut reconnaître que le type chinois s'efface à la deuxième ou troisième

génération, pour se confondre dans le type caractéristique de
l'Annamite.

Bien qu'acclimaté lentement, le peuple annamite a subi
l'influence du milieu. A côté du Cambodgien et du Moï, for-
tement musclés, à côté du Chinois, bien charpenté, l'Annamite est petit, chétif, maigre. Sa taille semble diminuer du
Tonquin à la Basse-Cochinchine, la plus torride des trois régions. La longévité n'est pas rare parmi les populations
annamites ; c'est le signe d'une acclimatation définitive.

La meilleure description du type annamite a été donnée par
M. Pallu de La Barrière, lieutenant de vaisseau [1], dans son
histoire de l'expédition de Cochinchine. « Ils paraissent pe-
« tits. Ils ont les membres inférieurs bien constitués, le bassin
« peu développé, le buste long et maigre, les épaules assez
« larges, la poitrine en saillie, les muscles du cou de même,
« la tête d'une grosseur proportionnée avec le reste du corps,
« les mains étroites et longues avec les doigts noueux. Leur
« teint varie beaucoup, suivant l'éducation, le rang ou les
« travaux, depuis la couleur de la cire d'église, jusqu'à celle
« de la feuille morte. Le front est rond, évidé par les tempes ;
« les yeux noirs, assez peu bridés, ont une expression douce,
« chagrine, timide. Le nez est trop large vers le haut et pro-
« duit l'effet des pièces anatomiques rapportées après coup :
« c'est le trait distinctif du visage asiatique [2]. Les Annamites
« sont imberbes jusqu'à l'âge de trente ans environ ; même
« alors leur barbe est peu fournie et ne vient que sur les lè-
« vres et au menton. Ils portent les cheveux longs. Les hom-
« mes de l'Annam rassemblent cet ornement, auquel ils tien-

1. Mort contre-amiral en 1891 (L. G.).
2. Ce trait est assez difficile à définir : nous nous contenterions de dire
que le nez est épaté, peu saillant, et que l'on sent à peine qu'il se relie au
front.

« nent beaucoup, de façon à laisser les oreilles découvertes.
« Les Annamites ont quelque chose d'étrange et d'aisé dans
« la démarche... »

Les deux sexes portent le pantalon large et la robe longue, dessinant les épaules et la poitrine, flottante à la ceinture,
serrée aux manches, descendant au genou pour les hommes,
à mi-jambe pour les femmes. Les deux sexes portent les cheveux en chignon ; les hommes mettent un turban en crépon,
sur lequel ils posent quelquefois un chapeau en forme de cône
quand ils sortent au soleil ; les femmes vont nu-tête, ou posent un chapeau, en forme de plateau rond, sur leurs cheveux.

Sous des dehors froids, l'Annamite est mobile, léger, cau-
seur, railleur, spirituel. Plein de vénération pour le savoir,
il est profondément studieux ; il a de la mémoire et de l'intelligence. Humble, poli en apparence, il est plein, au fond, d'orgueil et de vanité. Joueur passionné, il est généreux et vit au
jour le jour. Il n'a pas le courage bouillant des races occidentales ; il a, au contraire, la guerre en horreur et pourtant il
méprise la mort : mais son courage est passif ; il va au supplice sans changer de visage, en fumant sa cigarette. Sans être
guerrier, il est militaire. Il aime son pays et sert bien qui le
paye. Capable de pratiquer la morale générale, et même une
religion positive, il prend plus facilement nos vices que nos
vertus. Il a le culte de la famille, le respect de la vieillesse, le
sentiment de l'émulation. La femme annamite est laborieuse,
pleine d'énergie l'orsqu'il s'agit de nourrir sa famille et de
réparer les désordres de son mari. Jeune, elle est coquette,
légère, passionnée pour le luxe ; devenue mère de famille,
elle inspire le respect par ses vertus domestiques.

En admettant que la race annamite soit une variété de la
race chinoise, acclimatée sous la zone torride, sa nourriture

est peu faite pour contre-balancer l'influence du milieu qui lui a donné son type spécial. L'Annamite se nourrit de riz, de poissons, de légumes ; il ne consomme que très peu de volaille ou de viande de porc, et ne mange presque jamais de bœuf ou de buffle.

L'habitation de l'Annamite n'est guère confortable. Pour le pauvre, c'est une case, en feuilles de palmier d'eau, bâtie sur terre ou sur pilotis, le long de la berge, ou encore sur un radeau fixé au rivage par quatre perches, entre lesquelles la petite maison monte ou descend suivant la marée ; c'est quelquefois même une simple barque dans laquelle vit tout une famille.

Pour le riche, c'est une vaste case en paille entourée d'une palissade ou d'une haie. Quelquefois même c'est une maison sans étage, en briques, couverte en tuiles et entourée de vérandas. La disposition de l'habitation des Annamites est à peu près la même pour toutes les classes : sur le devant, une grande pièce sert de salle de réunion, de salle à manger et de salon de réception pour les hôtes. Deux portes latérales, percées dans la paroi qui fait face à l'entrée, donnent accès sur la partie postérieure de la maison divisée en cabinets, de médiocre grandeur, servant de chambres à coucher aux habitants. Dans la pièce d'honneur est une longue et large table, très-basse, en bois massif poli, noir comme l'ébène ; c'est là-dessus que l'Annamite invite son hôte à s'asseoir, les jambes croisées, ou à s'étendre à demi couché sur des nattes, le coude appuyé sur un coussin carré. Dès que les premières salutations sont échangées, le maître de la maison, très poli, très cérémonieux, offre la cigarette, l'arec et le betel. Ensuite paraît le serviteur, la femme, ou l'enfant qui apportent sur un petit plateau les tasses à thé microscopiques en usage dans le pays. Si l'Euro-

péen connaît la langue indigène, il pourra passer une heure
agréable, pour peu que son hôte soit lettré.

Chez les riches, le luxe de l'habitation consiste dans les
belles colonnes en bois noir qui soutiennent la charpente,
dans les sculptures des portes, dans les meubles et les coffrets finement incrustés, dans les belles planches couvertes
de sentences parallèles en hiéroglyphes d'or ou de nacre.
Chez le pauvre quelques rouleaux de gravures chinoises,
ou de sentences tracées d'un pinceau délié, forment toute
l'ornementation.

Voici, d'après la géographie officielle de M. Tru'o'ng
Vinh Ky, quelle est l'organisation administrative de notre
colonie :

« Le siège du gouvernement est à Saigon, où se trouvent
« réunis : palais du gouverneur, direction de l'intérieur,
« cour d'appel, tribunal de première instance, tribunal de
« commerce, évêché, séminaire indigène, collège indigène,
« administration de la marine, des finances, commandement
« supérieur des troupes, direction des télégraphes, des tra-
« vaux publics, prisons, hôpitaux.

« Le gouverneur réunit les pouvoirs civils et militaires ;
« il est commandant en chef de la division navale des mers
« de l'Inde. Il est assisté, à titre consultatif, par un conseil
« privé composé : du commandant supérieur des troupes,
« du commandant de la marine, du chef de service de l'ad-
« ministration militaire, du directeur de l'intérieur, du pro-
« cureur général et de deux notables français résidant dans
« la colonie et choisis par le gouvernement.

« L'administration intérieure du pays émane tout entière
« de Saigon ; elle est centralisée dans les bureaux de la di-
« rection de l'intérieur. Les administrateurs des diverses
inspections relèvent du directeur de l'intérieur qui leur

« communique toutes les constructions et tous les ordres ad-
« ministratifs. »

Ajoutons qu'en territoire indigène ils sont chargés, sous
la direction du procureur général, de la police judiciaire en
ce qui concerne les Européens, et investis à leur égard du
pouvoir de juge civil de première instance et de juge cor-
rectionnel.

La Basse-Cochinchine est divisée en dix-neuf inspections ;
ces circonscriptions sont dirigées par des administrateurs
des affaires indigènes. On en compte trois dans la province
de Bien Hoa, cinq dans la province de Saigon, une dans la
province de Mi Tho, trois dans la province de Vinh Long,
cinq dans la province d'An Giang, et deux dans la province
de Ha Tien.

Le gouvernement de la Cochinchine se préoccupe très-
vivement de tout ce qui touche à l'instrution publique. On
compte dans notre colonie cent treize écoles françaises,
suivies par environ cinq mille élèves. Mais dans la plupart
d'entre elles on n'apprend qu'à écrire la langue vulgaire
en caractères latins; ce n'est que dans les écoles centrales
qu'il est possible aux indigènes d'aborder l'étude du
français. Le progrès, en pareille matière, dépend surtout du
temps; notre colonie est encore trop jeune pour que l'on
puisse apprécier les résultats produits par les mesures pri-
ses dans l'intérêt de l'instruction publique.

« Les habitants de la Basse-Cochinchine ont trois reli-
« gions différentes: 1° le Bouddhisme, mélangé de beaucoup
« de croyances populaires plus ou moins grossières ; 2° le
« Dao Nhu, espèce de religion naturelle ou doctrine de Con-
« fucius, pratiquée par les lettrés ; 3° le Catholicisme. »

Ces renseignements de la statistique officielle demandent quelques développements. Le Bouddhisme n'est sé-

rieusement pratiqué dans nos provinces que par les Cambodgiens. Le peuple annamite ne comprend rien au Bouddhisme: les hommes ne le pratiquent guère; les femmes font quelquefois faire des prières par de prétendus bonzes annamites, parfaitement ignorants de la doctrine qu'ils sont sensés pratiquer, sans lien spirituel entre eux, nullement observateurs du célibat et de la vie ascétique. En dehors des villages cambodgiens, il n'existe pas une seule bonzerie sur notre territoire. Nulle part, en pays annamite, on ne rencontre l'école bouddhique, par laquelle, au contraire, tous les jeunes hommes doivent passer en pays cambodgien. En réalité, le peuple annamite suit la doctrine de Confucius, entachée de quelques pratiques bouddhistes et de superstitions locales.

On comprend dès lors combien peut être belle la part réservée au catholicisme, chez un peuple qui n'a d'autre doctrine que la morale de Confucius, si peu gênante pour la religion catholique, à la condition de savoir user d'une certaine tolérance envers le culte des ancêtres, ou de se l'approprier en le transformant.

Depuis dix ans, le nombre des adhérents au culte du Christ a doublé et s'élève aujourd'hui à cinquante mille. Une politique anticléricale n'aurait du reste rien à faire en Cochinchine: notre gouvernement l'a très-bien compris, et il considère le catholicisme comme le plus puissant moyen d'assimilation et le plus fort gage de la fidélité des populations que la conquête a fait tomber en ses mains. Pour assurer moralement cette conquête et la développer, il faudrait que les missionnaires français portassent tous leurs efforts sur la Cochinchine seule. Nos prêtres se sont jusqu'aujourd'hui bornés à l'étude de la langue vulgaire, à l'enseignement de la doctrine. Pour convertir des Annamites, — qu'il soit permis à

un laïque de leur dire, après Francis Garnier[1], — cela ne
suffit pas. L'Annamite est essentiellement pratique. Si son
intelligence est ouverte aux conceptions religieuses, elle
est surtout séduite par les vérités scientifiques, qui ont
leur application dans la vie de tous les jours. Pour devenir
capable de les vulgariser, l'école catholique doit élargir son
programme d'enseignement et ne pas craindre d'y faire
entrer l'étude des caractères chinois, sous peine de laisser
le catholique inférieur à la majorité de la population et dé-
sarmé au point de vue des nécessités de la vie commerciale.

L'étude de Confucius, dont la morale, de l'avis des plus
éminents missionnaires, n'a rien de contraire à la doctrine
chrétienne, dont les livres ne traitent aucune question religieuse, ne doit pas être interdite. Si, cette concession faite
aux préjugés et aux besoins matériels des indigènes, on sait
favoriser l'etude pratique des sciences européennes, dont l'application a la plus grande influence sur la richesse du peuple,
l'école deviendra, entre les mains de nos missionnaires, le
plus puissant de leurs moyens de propagande. Il faudra qu'ils
se livrent à des travaux scientifiques dont ils n'ont pas l'habitude et à l'étude pénible des caractères chinois, complètement délaissée par eux dans l'Annam. Mais ce double savoir
leur assurera la supériorité sur les lettrés, instituteurs ordinaires du peuple, et même sur les professeurs de nos écoles
gouvernementales et laïques. Si l'on combattait les lettrés
avec leurs propres armes, ainsi que le faisaient les jésuites au
XVIIe siècle, ils seraient bientôt vaincus : car on aurait ajouté
à la morale rationnelle de Confucius, la morale chrétiennne qui
parle plus au cœur : on aurait aussi fait tomber la science scolastique de la Chine, devant la science positive de l'Occident.
Le lettré, attaqué au défaut de l'intelligence, convaincu de

1. *Revue scientifique* du 9 octobre 1875.

faux savoir, viendrait à nous par intérêt ; il viendrait, entraînant avec lui les dernières couches de la population, qui, se modelant encore sur lui, hésiteront toujours à se livrer, tant qu'il n'aura pas été conquis. Dieu veuille que l'instruction religieuse, morale et scientifique du peuple soit un jour ainsi comprise par nos missionnaires, si dévoués à leur œuvre civilisatrice, si dignes d'estime et de respect.. Ce jour là l'assimilation des Annamites sera accomplie !

CHAPITRE II

« Dans les annales chinoises et annamites, le vrai peuple
« d'Annam est désigné sous plusieurs noms de territoire
« comme ceux de Nam Viêt (midi à passer), Viêt Nam (midi
« au delà), Viêt Thu'o'ng (au delà de la partie inférieure),
« Nhu't Nam (soleil du midi), Giao Nam (midi de Giao) et
« Nam Chiêu (midi incliné ou Yun Nam [1]). Lors de l'incendie
« des livres [2], il est aussi désigné par le nom de Tan Tu'o'ng
« Dia ou terre à éléphants de l'empereur Tan. Mais le seul
« nom caractéristique qui le désigne comme race, est celui
« de Giao Chi... Le mot Giao Chi signifie que le gros doigt
« du pied est écarté des autres doigts : ce qui est encore la
« marque distinctive de la race, dans toute la nation nord et
« sud, du vrai Annamite autochthone. »

« L'ancienneté du peuple de Giao Chi, d'après les annales
« chinoises, date d'à peu près aussi loin que celle de la nation
« chinoise elle même : car les savants qui donnent pour ber-
« ceau aux cent familles de la nation chinoise la province de
« Chen Si, dès les temps qui ont précédé Abraham de deux
« ou trois siècles, c'est-à-dire aux temps de Tuân et de Xuyên
« Huc ; ces savants, dis-je, trouveront dans les annales, qu'à
« cette même époque, quatre tribus appelées Tu' Dzi ou « les

1. Ces mêmes noms sont en chinois: Nan Yue, Yue Nan, Yue Chang,
Ji Nan, Kiao Nan et Nan Chaou, qui est le Yun Nan appelé Vân Nam en
annamite.
2. Voir p. 66.

« quatre barbares » formaient les limites du grand Em-
« pire[1]. »

Le P. Legrand de La Liraye énumère ensuite les noms des
quatre tribus et il donne celle de Giao Chi comme occupant
la limite méridionale. C'est précisément de cette nation barbare que les Annamites prétendent descendre.

Le règne de Xuyên Huc (Chuen Hi'ôh) est de l'an 2513 avant
notre ère et celui de Tuân (Chun) de l'an 2285. Ceci justifierait
les prétentions de haute antiquité, qu'à l'instar des Chinois,
les Annamites se plaisent à donner à leur race[2].

Ainsi, dès l'époque où l'histoire chinoise commence à avoir
quelque certitude, paraît ce nom de Giao Chi, appellation caractéristique de la race au point de vue anthropologique. M.

1. P. Legrand de La Liraye, *Notes historiques sur la nation annamite*, p. 7 et 8.

Nous avons trouvé dans les notes historiques du P. Legrand, dans les
œuvres du P. Bouilleveaux, dans le cours d'histoire de M. Tru'o'ng Vinh
Ky, et dans les recherches de Francis Garnier sur les temps anciens de
la Cochinchine, consignées dans le premier volume *du Voyage d'exploration en Indo-Chine*, des renseignements très curieux sur la nation
dont nous voulons étudier l'organisation politique. Notre but étant d'exposer à grands traits, dans ce chapitre, les origines, le développement et
l'expansion progressive de la race annamite vers le Sud, nous néglige-
rons à dessein tous les faits qui ne se rapportent pas directement à notre
sujet.

2. L'empereur Vû (Yu), fondateur de la dynastie Ha, laquelle a régné
sur la Chine depuis 2205 jusqu'en 1766 avant notre ère, partagea, d'après
le commentateur Ngô Si Liêm, l'empire en neuf Châu ; le pays de Giao
Chi fit partie du Dzu'o'ng Châu. Or, chose curieuse, d'après le comment-
tateur Ngo Thi Si, également cité par le P. Legrand, postérieurement aux
travaux d'écoulement du déluge chinois, le passage au delà de Dzu'o'ng
Châu était le midi à onze degrés de l'étoile du Nord. Certes, les Chinois
ne naviguaient pas à l'époque dont parle le commentateur ; mais cette
observation est très ancienne, car elle se rapporte à un temps où la Basse-
Cochinchine et, sans doute, les plaines de tout le bassin inférieur du Mê
Kong étaient complétement submergées. En effet, c'est seulement dans
cette hypothèse qu'on a pu pénétrer de la mer de Chine dans le golfe de
Siam, en passant au nord du cap Saint-Jacques, un peu au sud du on-
zième parallèle et venant sortir vers Kompot.

le docteur Thorel, dans le second volume *du Voyage d'ex-ploration en Indo-Chine,* reconnaît que ce signe indélébile, l'écartement du gros orteil du pied, appartient encore de nos jours à l'Annamite.

Qu'était l'empire chinois à cette époque où il est question des Giao Chi, formant au delà de la porte (Viêt Môn) les cent tribus ultérieures (Ba Viêt) de la région transméridionale (Viêt Nam), dont l'empereur Nghiêu (Yao) confia l'adminis-tration à la famille Hi. si l'on en croit les récits légendaires[1]? Il nous est impossible.de rien préciser à cet égard : la nation chinoise, alors à l'état pastoral, s'était répandue du Chen Si dans la vallée du fleuve Jaune et du fleuve Bleu. Le milieu de l'empire était par conséquent la région qui comprend le bas-sin du Ho Ti Kiang (Shong Coi) et le bassin du Si Kiang, fleuve qui se jette dans la mer à Canton. C'était par conséquent la région actuellement désignée sous les noms de Quang Si, Quang Tong, Yun Nan et Tong Kin.

Les traditions annamites prétendent que Dê Minh, arrière-petit-fils de Thân Nong (Chin Nong) érigea en faveur de son fils cadet, Lôc Tuc, le midi de l'empire en royaume distinct sous le nom de Viêt Nam. Hu'ng, petit-fils de Lôc Tuc, en montant sur le trône, changea le nom du royaume en celui de Van Lang[2].

Ce royaume, d'après le P. Legrand, avait Ba Thuc, ou le Cao Bang actuel, à l'ouest, les bas-fonds submergés du Quang Si au nord, la mer à l'est et Cô Thanh au midi. Ces limites, en y comprenant Ba Thuc, désignent une contrée qui occuperait la région élevée du Tonquin, le sud du Yun Nan, la partie

<hr />

1. Cf. P. Legrand, p. 10. Les principales tribus de Ba Viêt sont : Man Viêt, Au Viêt et Lac Viêt.

2. Cf. Tru'o'ng Vinh Ky. L'avènement de Lôc Tuc se place à la 10e année de Dê Nghi (2879 avant J.-C.)

sud-ouest de la province de Quang Dong et le midi de celle de Quang Si.

Lôc Tuc avait pris pour nom de règne[1] *Kinh Dzu'o'ng*; sa dynastie, connue sous le nom de *Hong Ban*, dura plus de deux mille ans; elle occupa le trône pendant la période légendaire de l'histoire nationale. D'après la tradition, la race de Kinh Dzu'o'ng n'aurait pas tardé à se diviser : une partie se serait portée vers les montagnes, l'autre au contraire se serait dirigée vers la mer. Les fils des rois de cette dynastie prenaient le titre de *Quan Lang*, les filles celui de *Mi Nang*. Or ce titre est celui que portent actuellement les chefs et leurs femmes chez les tribus Mu'o'ng. Ces tribus, vassales de Hué sous des chefs héréditaires, habitent principalement dans la province Sho'n Tay et sur les plateaux sud-ouest du Tonquin. D'après certains lettrés, ce seraient là de véritables Annamites ayant conservé leur race pure de tout mélange[2].

Les légendes annamites sur les temps anciens font comprendre que le peuple de Giao était superstitieux, qu'il avait des temples, qu'il offrait des animaux en sacrifice aux génies immortels représentant les forces de la nature. Le peuple, adonné à la pêche ou à la chasse, se tatouait le corps[3]. Le pays qu'il habitait était riche en or, en argent, en pierres précieuses[4].

La dynastie Hong Ban fut renversée, sept ans avant la destruction des livres, par Yên Dzu'o'ng, roi de Thuc. Le vainqueur réunit Van Lang à ses propres États et donna au

---

1. Les souverains chinois et annamites, en montant sur le trône, prennent un nom qui sert à marquer tous les actes officiels de leur règne; il n'est pas permis d'écrire on de prononcer ce nom particulier du souverain.

2. Cette opinion ne peut acquérir quelque valeur, au point de vue ethnologique, qu'après l'exploration de ces tribus par des Européens compétents

3 et 4. Cf. P. Legrand, p. 18

royaume le nom de Au Lac (218 av. J.-C.). Le roi bâtit au nouveau royaume une capitale appelée *Loa Thanh* ou *Cô Thanh*, dont les ruines existent encore aujourd'hui [1].

D'après certains lettrés annamites, la première partie de leur histoire nationale est complètement fabuleuse. Ils révoquent en doute l'histoire de Dê Minh, l'origine chinoise et la haute antiquité de la dynastie de Hong Ban, qui ne compte pas plus de vingt rois d'après les récits légendaires eux-mêmes. Ils disent que le pays de Thuc ou Ba Thuc était une principauté nord-ouest du Van Lang, dont les chefs se rendirent indépendants de leur suzerain, à mesure que la dynastie vieillissait, et finirent même par conquérir tout le royaume. Le P. Legrand de la Liraye admet d'ailleurs que Ba Thuc et Van Lang étaient habités par des peuples de même race ; ce qui concorde avec l'opinion des lettrés modernes. Dans l'opinion de ces mêmes lettrés, les Giao Chi sont autochthones et nullement chinois d'origine.

Ainsi, tout ce que nous pouvons constater, c'est qu'au XXVIe siècle avant l'ère chrétienne, les annales chinoises parlent des Giao Chi. Cette race barbare, étrangère à l'Empire, fut peut-être gouvernée dès la haute antiquité par une race vassale, d'origine chinoise. Mais, en tous cas, ce qui est hors de doute, c'est que, chinois ou non d'origine, les chefs des Giao Chi subissaient l'influence de la Chine à une époque plus moderne. En effet, leurs ambassadeurs vont aux hommages à la cour, dès l'avènement du deuxième empereur de la dynastie des Châu (1137 à 217 av. J.-C). Les annales chinoises constatent qu'ils y revinrent plusieurs fois par la suite.

A l'époque où Yên Dzu'o'ng créait le royaume de Au Lac, en réunissant à son propre royaume celui de Van Lang, l'his-

---

1. Cf. P. Legrand, p. 18 et 17. Au Lac est composé de la réunion du nom de la tribu des Au Viêt avec celui de la tribu des Lac Viêt.

toire chinoise nous montre l'empire du milieu reprenant son
unité sous *Tàn Thi Hoang Dè* (Tsin Chi Hoang Ti), le terri-
ble destructeur de la féodalité. Ce réformateur radical, voulant transformer le peuple chinois á sa guise, ne trouvait rien
de plus simple, pour rompre les vieilles traditions, que de
faire brûler les livres et massacrer les lettrés. L'an 213 avant
notre ère, ce prince, convoitant les richesses du midi, envoya
une armée de cinq cent mille hommes, recrutée dans la lie de
la population, envahir et coloniser le pays des Giao Chi.

Le règne de la dynastie Tàn fut éphémère (255 à 207 av.
J.-C.) ; Triêu Da, l'un des généraux envoyés à la conquête
du midi, profita des troubles qui agitaient l'empire à la chute
de la dynastie Tàn, et se déclara roi de Viêt Nam (midi au
delà)[1]. Il établit sa capitale à Phiên Ngu. Le chef du royaume
transméridional fut reconnu roi par le premier empereur
des Han, en 196 avant J.-C.

Triêu Da mourut à un âge très avancé, ayant régné soixante
et onze années. Cet homme extraordinaire avait réuni dans
sa main les tribus Ba Viêt, l'île *Chàu Nhai* (Hai Nan ?) et
tout le midi. Ce long règne avait nécessairement donné un
peu de cohésion politique aux peuples de Giao Chi ; mais la
maison des Han, peu soucieuse de voir se former un
royaume que de simples liens de vassalité retenaient à l'empire,
profita de la faiblesse des successeurs de Triêu Da, pour s'im-
miscer dans les affaires intérieures du midi. Une révolution
de palais, hostile à l'influence impériale, ayant amené le massacre du roi et de l'ambassadeur chinois, le pays fut aussitôt
envahi sur plusieurs points par les armées impériales et l'en·

1. Ce royaume de Viêt Nam comprenait les provinces de Quang Si, de
Quang Thong, le Tonquin, une partie du Yun Nan, l'île de Hai Nan, la
presqu'île de Liên Châu et la côte jusqu'aux environs de Tourane. Cf. P.
Legrand, p. 24 et 38.

fant de sang royal, que les rebelles avaient proclamé quatrième successeur de Trieû Da, fut remplacé par de simples gouverneurs chinois, depuis 110 av. J.-C. jusqu'en 931 de notre ère, c'est-à-dire pendant plus de dix siècles.

Le gouvernment général du midi établi à *Nan Hai* (Canton) fut alors divisé en neuf départements, et l'autorité chinoise ne fut plus sérieusement compromise, malgré les révoltes partielles qui se succédèrent sur divers points du territoire, pendant les deux premiers siècles avant notre ère.

Ce peuple de Giao était léger, changeant, prompt à la révolte. Il se rasait les cheveux, se tatouait le corps, refusait de suivre les modes et les coutumes de l'empire. Il n'observait pas les rites de la religion : il fallait employer la force et la sévérité pour le réformer. Bien qu'il fût faible de corps et peu industrieux, bien qu'il ne connût pas l'usage des chars de guerre pour combattre, il était difficile de le maintenir en paix parce que le pays était couvert de forêts impénétrables, peuplées de serpents et de tigres, et que les chaleurs de l'été, engendrant des maladies pestilentielles, entravaient les opérations des armées. Aussi les gouverneurs chinois s'efforcèrent-ils de tourner l'esprit des tribus Ba Viêt vers l'agriculture. Ils introduisirent, en outre, au milieu d'elles une large immigration chinoise recrutée parmi les condamnés à l'exil. L'histoire constate les efforts qu'ils firent vers la fin du premier siècle avant notre ère, pour régulariser les mariages, enseigner au peuple la culture des terres, le plier aux rites et aux cérémonies de la Chine [1].

La civilisation progressait donc lentement au sein de ces peuples barbares, lorsqu'en 39 (après J.-C.) éclata une insurrection formidable, fomentée par une femme dont le mari avait été décapité. Cette héroïne chassa le gouverneur chinois, détesté du peuple à cause de ses exactions. Puis, enhar

1. C. f. P. Legrand, p. 39 et 47.

die par ce premier succès, elle se proclama reine sous le nom de Tru'ng Vu'o'ng, et fut reconnue par tout le pays jusqu'à Canton. L'empire ne put tout d'abord envoyer des troupes, mais en 42 une nombreuse armée pénétra dans le gouvernement transméridional et, un an après, la lutte se terminait par le triomphe des armes chinoises. A la suite de cette victoire, le général chinois Ma Vien « cantonna ses troupes dans « le pays, où il eut soin de leur procurer de nombreuses « alliances [1]. » On voit qu'à cette époque, comme au temps des Tần, la Chine terminait ses conquêtes par une véritable colonisation au moyen de l'armée.

Malgré cette pacification générale, les insurrections, bien qu'activement et constamment réprimées par les gouverneurs chinois, ne tardèrent pas à désoler de nouveau les régions transméridionales.

En 187, l'empire choisit pour gouverneur général un lettré, dont la famille habitait le pays depuis six générations ; il s'appelait Nhiệp et jouissait d'une haute influence parmi ses compatriotes. Ses trois frères commandaient les trois départements les plus importants, depuis Canton jusqu'au département de Giao, qui était également gouverné par un lettré indigène.

Sous le commandement de ces lettrés, dévoués à l'empire, quoique indigènes, la paix se rétablit dans le midi ultérieur. Les populations s'attachèrent d'une manière extraordinaire à ce gouverneur général, qu'on appela le roi lettré, car déjà la culture intellectuelle de la Chine avait largement pénétré dans le pays. Des Annamites de cette époque sont en effet mentionnés dans les Annales comme ayant obtenu des hauts grades littéraires dans les concours de l'empire.

La dynastie rebelle des Ngô s'étant emparée du midi de l'em-

1. Cf. P. Legrand, p. 40.

pire (210), le gouvernement général des pays ultérieurs fut conservé à Nhiêp, qui reçut le titre honorifique de roi des dragons. Il mourut en 226, après un régne de quarante ans. Sous son gouvernement pacifique la civilisation chinoise avait fait d'immenses progrès dans le pays de Giao.

A la mort du roi lettré, l'empereur des Han, redoutant de laisser à la tête du midi ultérieur une famille si populaire, nomma un Chinois gouverneur général. A cette nouvelle, les fils du roi lettré s'insurgèrent, et l'aîné s'empara du pouvoir. Mais le gouverneur chinois, s'étant rendu maître de ces princes par ruse, leur fit trancher la tête ; la famille du roi lettré fut ensuite peu à peu détruite tout entière.

Pendant la fin du III° siécle, les compétitions des Ngô et des Tân à l'empire entretinrent le désordre dans le gouvernement transméridional, jusqu'à l'époque où l'empereur des Ngô quitta Nan Kin et vint se soumettre à l'empereur des Tân (281 ap. J.-C.). Hoang, gouverneur du pays pour les Ngô, fut conservé dans son gouvernement par la dynastie victorieuse, et sa famille occupa le gouvernement général pendant quatre générations ; le peuple vécut tranquille sous cette administration [1].

Au IV° siècle, les incursions des gens de Lâm Ap vinrent troubler la paix de l'empire dans le gouvernement transméridional.

Ce royaume de Lâm Ap était du ressort de *Như't Nam* (Canton) ; désigné sous le nom de Lyn Y, en chinois, il est aussi connu, en annamite, sous le nom de Chiêm Ba, d'où nous avons fait le mot Ciampa. La ville de Chiêm Thanh était, d'après la tradition, située dans le Quang Binh actuel. Ce

---

1. Le peuple affectionnait cette famille et refusait de se laisser gouverner par d'autres. Les Tân surent respecter cette sorte d'élection populaire et s'en trouvèrent bien.

royaume touchait au *Cho'n Láp* ou Cambodge, au midi, et, au nord il joignait le Tonquin par le *Hoan Cháu* (Xu' Nghê) [1].

Le Ciampa ou Lâm Ap était riche en métaux précieux. Aussi la nation malaise, qui a essaimé sa race des Philippines à Madagascar, avait-elle conquis le Lâm Ap à une époque que nous ne saurions préciser.

Lorsque Triêu Da se déclarant indépendant (208 avant J.-C). eut créé le royaume transméridional, il soumit le territoire des montagnes sud-ouest de Tu'o'ng Quân (designation qui se rapporte au Xu' Nghê) et le territoire de Lâm Ap (jusqu'à Tourane). Rien n'indique d'ailleurs qu'il gouvernât ce dernier pays, dont il ne fit, peut-être, qu'exiger le tribut. Après cet événement, l'histoire ne fait plus mention du Lâm Ap pendant cinq cents ans. Durant cette période les Annamites avaient donc pour nation limitrophe au midi un peuple très pacifique. Or, au IVe siècle, nous nous trouvons brusquement en présence d'un peuple de Lâm Ap, au caractère singulièrement aventureux, guerrier, écumeur de mer, qui désole par ses incursions incessantes les districts maritimes du golfe du Tonquin, en remontant même souvent jusqu'à Canton. Le caractère de cette guerre, qui éclate après plusieurs siècles de paix entre les pays limitrophes, n'indique-t-il pas qu'un nouveau peuple a surgi? Nul doute, n'est possible, selon nous : les pirates malais ont remplacé dans le Lâm Ap, les pacifiques aborigènes qu'ils ont refoulés dans la chaîne annamitique.

L'entrée en scène de cette nouvelle race sur la côte de la Cochinchine, tournant brusquement l'esprit des populations transméridionales contre un ennemi commun, diminua peut-

1. Cf. P. Legrand. p. 51. Le Xú Nghê forme aujourd'hui les provinces de Ha Tinb, Ngê An et Thanh Hoa (Nôi).

être momentanément les velléités de révolte contre le gouvernement chinois. Mais, d'un autre côté, le combat contre cet ennemi ne pouvait, à la longue, que donner plus de cohésion à la nationalité annamite et l'amener à revendiquer un jour son indépendance.

A quelle époque avait commencé l'envahissement de la côte par les Malais ? Nous l'ignorons. Tout ce que nous pouvons préciser, c'est qu'au ıv⁰ siècle de notre ère les deux races se trouvèrent en contact. Les dévastations commises dans les provinces maritimes par les pirates du Lâm Ap obligèrent la dynastie Tân à mettre un prince de la famille impériale à la tête d'une armée considérable, destinée à rétablir la sécurité dans le midi.

La lutte commença en 353 : l'envoyé impérial entra dans le territoire de Lâm Ap et détruisit cinquante forts. Cette sévère leçon arrêta pour quarante ans les incursions des pirates. En 399, le roi de Lâm Ap recommença les hostilités ; il pilla la côte du Tonquin en remontant jusqu'à Canton, sans pouvoir s'établir nulle part. En 413, ce même roi fut fait prisonnier au moment où il ravageait le littoral de la province de Canton, vers le fond du golfe : le gouverneur chinois lui fit trancher la tête. Deux ans après, le roi, successeur du précédent, débarqua au Tonquin, dont il saccagea le littoral, malgré l'énergique résistance des populations annamites. Enfin, en 420, ce même gouverneur se décida à porter la guerre dans le Lâm Ap ; il y fit un grand massacre de ces brigands et les força à demander la paix, qu'il leur accorda moyennant restitution de ce qu'ils avaient pillé.

Au bout de dix ans le peuple de Lâm Ap, relevé de ses défaites, recommença ses attaques. Mais, en 436, le gouverneur impérial porta de nouveau la guerre sur son territoire, s'empara des citadelles, tailla en pièces l'armée du roi et revint dans son pays chargé de butin.

Il serait sans intérêt de suivre les hostilités des deux races et les incursions réciproques de l'une chez l'autre. En général, aux invasions maritimes des gens de Lâm Ap, les gouverneurs chinois opposent des invasions plus efficaces par
terre. Nous nous bornerons à constater les conquêtes que les
Annamites, souvent renforcés par les armées impériales,
firent successivement sur le territoire du Ciampa.

Un chef indigène du nom de Ly se mit, en 541, à la tête des
Annamites et chassa les fonctionnaires chinois. Il eut d'abord
à repousser les efforts des Ciampois, qui avaient profité de
ces troubles pour envahir le pays. Attaqué ensuite par les
troupes chinoises, il perdit presque tout le territoire et fut
tué. Cependant la lutte continua énergiquement, et, le général chinois ayant été rappelé, l'armée chinoise ne tarda pas
à être complètement détruite. Les Chinois chassés, deux rivaux se disputèrent le trône annamite. Ils firent bientôt la
paix et se partagèrent le territoire : l'un garda le nord, laissant à l'autre le territoire au sud du Xu'Ngê jusqu'à Huê,
érigé en royaume de Dao Lang. Quelques années après, l'u-
nité du royaume fut rétablie par le roi de Dao Lang, qui s'empara de tout le pays du nord. Ainsi, du IVᵉ au IVᵉ siècle, la
race de Giao Chi s'était assez solidement établie le long de la
côte pour former un royaume indépendant, depuis le *Quang
Châu* (Canton) jusqu'aux environs de Huê. Ce royaume de
Nam Viêt dura une soixantaine d'années, grâce aux révolutions dynastiques qui détournèrent l'attention de la Chine
des affaires du midi de l'empire.

Les Tuy étant restés maîtres de la Chine, une armée considérable et aguerrie fut envoyée par eux, en 602, pour rétablir l'autorité impériale dans le midi ultérieur et l'occuper
militairement [1]. Trois ans après, le roi de Lâm Ap envahit le

---

1. Cf. P. Legrand, p 48. L'armée fut cantonnée en vingt et un campe-
ments militaires.

pays et s'avança jusqu'au Tonquin, où il fut défait. Poursuivi
par l'armée chinoise, le roi n'osa défendre sa capitale, qui fut
pillée. En 618, la dynastie Lang, succédant aux Tuy, créa
pour la première fois un gouvernement de l'*An Nam* (sud
pacifié) depuis l'extrémité nord du Tonquin jusqu'à la province de Quang Nam.

Le territoire d'An Nam fut divisé en treize départements
soumis à un tribut régulier et l'influence de l'empire s'éten-
dit au loin dans les pays au delà du midi ¹. Ce tribut fut cause
de nouvelles révoltes. Un chef indigène, Mai Thuc Loan,
s'empara du Xu'Ngè et fit alliance avec *Lâm Ap* (le Ciampa)
et *Cho'n Lap* (le Cambodge) (722). Ces auxiliaires ne l'empê-
chèrent pas d'être battu par les généraux de l'empire; sa
mémoire est restée populaire.

En 757, une grande invasion malaise, venue des îles, probablement à l'instigation des populations du Ciampa, essaya
vainement de rétablir la suprématie de sa race sur la côte
d'An Nam. Elle fut repoussée, et le vainqueur, pour préser-
ver le Tonquin des invasions futures, jeta les fondations de
Lá Thanh, qui devint plus tard la capitale.

Au ixᵉ siècle, toute la côte, si laborieusement conquise,
est envahie encore une fois. Un nouveau royaume de Ciampa
s'établit jusque dans le Xu'Nghé. Mais les généraux chinois
reprennent à leur tour le territoire de Lâm Ap, et, après des
succès mêlés de revers, la race annamite, sous l'autorité des
gouverneurs chinois, reste maîtresse de la côte jusqu'au
Quang Nam actuel (308).

La fin du ixᵉ siècle est marquée par de grands troubles et
par une misère profonde. A la suite de toutes ces convul-
sions politiques il y avait de grands maux à guérir; mais le
changement continuel des gouverneurs chinois rendait toute

---

1. Cf. Tr ường vinh ky, p. 33.

administration réparatrice impossible. Aussi, au commencement du ix⁰ siècle, les chefs indigènes, fatigués des exactions et las d'être victimes des révolutions incessantes que su-
bissait l'empire du Milieu, se révoltèrent contre la domination étrangère. Le moment était singulièrement propice :
épuisée par les compétitions dynastiques, la Chine était dans
une complète anarchie.

La révolte éclate donc dans tout le pays; les Chinois sont
chassés (931). Quatre chefs indigènes se succèdent dans la
royauté de l'An Nam, et fondent l'indépendance de leur nation. Chose remarquable, pendant cette période, le Ciampa,
réduit à ses dernières provinces, n'essaye plus de troubler
ses voisins.

Pendant les dix siècles de domination directe de la Chine
sur la nation annamite, les révoltes fréquentes, suivies d'invasions, ne durent pas peu contribuer au mélange des deux
races et à la vulgarisation de la civilisation chinoise chez
les Annamites. Si le peuple d'An Nam conserva le sentiment
de sa nationalité au point de reconquérir son indépendance,
il sut néanmoins, au contact de la civilisation supérieure de
la Chine et pendant une longue domination, accepter les
lois du conquérant, se façonner à ses mœurs et adopter sa
littérature.

L'émancipation du pays n'a donc produit sur la nation que
les effets d'une décentralisation heureuse. L'histoire constate,
postérieurement au x⁰ siècle, que les diverses dynasties annamites, bien qu'indépendantes dans leur souveraineté, ont
gardé des liens de vassalité, toute de courtoisie, avec le grand
empire et que rois et peuple ont toujours professé une profonde admiration pour sa civilisation. Cette admiration n'a
pas toujours entraîné une copie servile des mœurs chinoises, et la nation annamite n'a pas subi les modifications intro-

duites par la conquête des dynasties mongole et mandchoue.
Nous pouvons donc conjecturer que la civilisation annamite,
dans son état actuel, a conservé des formes archaïques, depuis
longtemps disparues en Chine. Nous pouvons affirmer, en
outre, qu'elle a un caractère qui la distingue de celle de l'empire du Milieu.

Ainsi, vers la fin du x⁰ siècle, la nation annamite, complètement policée au contact de la Chine, est une, indépendante,
depuis l'extrémité nord du Tonquin jusqu'au delà de Hué. Au
sud, à la même époque, le Ciampa, débris de l'ancien Lâm Ap,
occupe le reste du littoral jusqu'à la frontière actuelle du Binh
Thuân. Au delà de cette limite, nos six provinces, habitées
par des Cambodgiens, font partie de l'empire Khmer, ayant
pour capitale la ville d'Angkor, dont les ruines superbes attestent l'ancienne puissance.

La nation étant émancipée du joug chinois, à la mort du
dernier des souverains indigènes, chaque chef de district
voulut être indépendant. Le pays, tiraillé entre ces douze
chefs, devint bientôt la proie de la guerre civile. Mais, en 968,
Dinh, fondateur de la première dynastie annamite des temps
modernes, détruisit les douze tyrans et réorganisa la nation.

Justicier inflexible, il poursuivit sans trêve les routiers vagabonds qui, à la suite des guerres de l'indépendance, infes-
taient les chemins et les fleuves. « Dans la cour de son palais
« il fit placer une chaudière de bronze et nourrir des tigres.
« Il y avait cette affiche : Les coupables seront cuits ou man-
« gés. Personne n'osa plus enfreindre les lois [1]. »

Il fixa le cérémonial de la cour et régla l'administration.

Il divisa ses forces militaires en dix corps d'armée. Chaque
corps comprenant cent mille hommes, avait dix légions, chaque légion dix cohortes, et chaque cohorte dix centuries com-

[1]. Cf. P. Legrand, p. 17.

posées de dix escouades de dix hommes chacune. Ainsi la nation pouvait mettre un million d'hommes sur pied.

En 975, ce grand administrateur fut assassiné par un garde du palais. « Le corps de l'assassin, coupé en morceaux, fut distribué à tout le peuple, qui se le disputa pour le manger. » Lê Hanh, commandant supérieur des dix corps d'armée, s'empara de la régence. La Chine ayant envoyé une armée (980) pour faire rentrer sous les lois de l'empire les peuples trans-méridionaux, Lê Hanh fut aussitôt proclamé empereur par les chefs des dix corps d'armée, sous le nom de règne : *Thiên Phu'o'c*.

Les envahisseurs entrèrent sur le territoire par trois points différents : Lê Hanh se porta au-devant du premier corps d'armée qu'il anéantit, puis il attira le général en chef chinois dans une entrevue, le fit assassiner, et, se jetant successive-ment sur les deux autres corps d'armée, les tailla en pièces. A sa mort (1005), la couronne passa sur la tête de son cin-quième fils, souverain inhabile, qui régna quatre ans. Le chef de la dynastie Ly s'empara du trône, transmis dans sa famille de 1010 à 1225. Cette dynastie est remarquable par sa ferveur pour le Bouddhisme, par les défaites infligées aux Ciampois et aux Cambodgiens, qu'elle obligea à l'hommage. En 1225, le trône, faute d'héritiers mâles, passa à la maison Trân, par les femmes. Le troisième roi de cette dynastie eut à subir l'inva-sion des Mongols, maîtres de la Chine, et sortit vainqueur de la lutte. Le roi rendit à Koubilaï Khan ses généraux prison-niers, refusa de se rendre à la cour de ce roi des rois, mais consentit à lui envoyer des ambassadeurs.

Au commencement du xve siècle, le territoire annamite fut pour la dernière fois envahi par les Chinois (1412). Les pira-tes Ciampois, si souvent châtiés sous la précédente dynastie, profitèrent de l'occasion pour piller le pays. La dynastie des

Trân fut renversée par les Chinois et pendant vingt et un ans le pays maintenu sous un joug de fer par les généraux de la dynastie des Minh.

Le fondateur de la seconde dynastie Lê chasse l'étranger (1428). Le Ciampa est conquis jusqu'à la frontière sud actuelle de Quang Nam. C'est une nouvelle province que perd le territoire Ciampois.

En l'an 1524, la dynastie rebelle des Mac lève l'étendard de la révolte contre la dynastie des Lê et agite le pays jusqu'en 1595, époque où elle disparaît.

Le Père Legrand nous dit que Cung Hoâng, descendant de Lê et son neuvième successeur, monta sur le trône par les intrigues du général Mac Dang Dzong, lequel l'en chassa bientôt après et le réduisit à se cacher dans les forêts. Quelques années plus tard, le général Nguyên Kim, que le P. Legrand appelle Nguyên Dzo, replaça la dynastie Lê sur le trône et gouverna sous son nom avec le titre de *Chua* [1]. Nguyên Kim, ancêtre des rois actuels, légua son titre de chua à son gendre Trinh Kim en lui confiant son fils en bas âge. Nguyên Hoang, fils de Nguyên Kim, arrivé à l'âge de l'adolescence, vit d'un œil jaloux la dignité de chua créée par son père, rester entre les mains de son beau-frère. On lui donna, pour l'éloigner, le gouvernement des provinces conquises sur le Ciampa, avec Huê pour résidence. A la mort de son beau-frère, il se déclara chua du *Dang Trong* (la Cochinchine), comme Trinh Tong fils de Trinh Kim, était chua du Dang Ngoai ; puis il se fit concéder le titre de *Vu'o'ng* [2] par les Lê (1600). Le pays, placé sous la suprématie nominale des Lê, était donc effectivement gouverné par la maison Trinh au

1. Le *Chua* (seigneur) était une sorte de maire du palais, ne laissant au souverain qu'une autorité nominale.

2. Titre des rois vassaux.

Tonquin et par la maison Nguyên en Cochinchine. On comprend que le Vu'o'ng du sud, ne pouvant étendre sa souveraineté vers le nord, cherchera à étendre son territoire vers le midi, ce qui ne fera que précipiter la chute des restes du Ciampa.

Les rois de Huê firent en effet une guerre acharnée à ce malheureux pays, et, vers 1650, Hieng Vu'o'ng, quatrième seigneur de Huê, conquit le Ciampa, dont le roi fut fait prisonnier. Le vainqueur laissa à la veuve du vaincu une espèce de souveraineté sur les provinces de Binh Thuân et de Nha Tranh, derniers territoires du Ciampa, qui ne firent définitivement retour à l'An Nam qu'à la mort de cette reine. Ainsi finit le Ciampa, absorbé par l'extension progressive et les conquêtes des Annamites.

Cependant, la famille royale du Cambodge, livrée aux intrigues et aux discordes, précipitait la ruine de son peuple. L'histoire des derniers siècles de l'empire Kmer est l'histoire des crimes horribles dont se rendirent coupables, les uns envers les autres, les membres de la famille royale. La révolte, l'assassinat, la trahison à l'aide de l'étranger, sont les moyens ordinaires employés par ces princes pour arriver au trône.

Prétextant une violation de frontière, une armée d'Annamites et de Ciampois livra bataille, en 1658, au roi de Cambodge, à *Moi Xui* (Baria). Le roi fut fait prisonnier et n'obtint la vie sauve qu'en se reconnaissant vassal de l'empire annamite. Des Annamites vagabonds vinrent plus tard se fixer sur le territoire actuel de Bien Hoâ, d'où les Cambodgiens n'osèrent les chasser.

En 1675, la guerre civile éclata au Cambodge. Aussitôt les Annamites, appelés par les princes cambodgiens, se hâtent d'intervenir, pacifient le pays, établissent le premier roi à Oudon et le deuxième à Saigon.

En 1680, un général cantonais, partisan de la dynastie chinoise des Minh, renversée par les Mandchous, quitta son pays avec sept mille hommes, et vint demander des terres au roi de Hué. Celui-ci lui donna l'ordre d'allers'installer sur le territoire de Don Nai. Les généraux chinois entrérent par la rivière actuelle de Saigon et par la petite embouchure du Cambodge ; les uns s'établirent à Can Lan (Bien Hoá), les autres dans les territoires de Mi Tho.

En 1689, l'un des lieutenants du général chinois se révolta. Les annamites intervinrent ; le premier roi fut fait prisonnier, le deuxième se tua. L'empereur d'An Nam, maître de ce que nous appelons aujourd'hui les provinces orientales, fit couronner roi de Cambodge le fils du second roi, sous la surveillance d'un gouverneur général, envoyé impérial au Cambodge. Ce dernier colonisa les provinces conquises avec les vagabonds ramassés depuis Hué jusqu'au Binh Thuân.

En 1715, un aventurier chinois, Mac Cu'u, s'empara du territoire de Ha Tien et en fit hommage au roi de Hué. Quarante ans plus tard, les hostilités recommencèrent au Cambodge : les Cambodgiens furent défaits ; leur roi s'enfuit à Ha Tien et demanda la paix moyennant une cession de territoire. Sur ces entrefaites, ce roi mourut. Le régent du royaume s'empressa de demander à Hué l'investiture, en cédant aux Annamites les pays de Tra Vinh et de Ba Thuac ; mais il fut assassiné par son gendre. Alors les Annamites intervinrent et poussérent la conquête jusqu'à Châu Dôc, pendant que Mac Ton, fils de Mac Cu'u, construisait les citadelles de Rach Gia et de Ca Mau. Le nouveau roi qu'ils imposèrent au Cambodge (1758) ratifia cet état de choses.

La race annamite, arrivée à la plénitude d'extension, occupait, en 1768, le littoral de la péninsule depuis la frontière de Chine jusqu'à Châu Dôc et Ha Tien. Le royaume du Cambodge allait probablement disparaître de la carte de l'Indo-Chine, quand une importante révolution arrêta les progrès des envahisseurs.

En 1765, Vo Vu'o'ng, seigneur de Hué, désigna, au mépris de la loi, le fils d'une de ses femmes de second rang comme son successeur. Ce prince, âgé de douze ans, fut placé sous la tutelle d'un grand dignitaire chargé de la régence.

Cet homme d'État fit enfermer l'héritier présomptif, fils de la femme légitime. Le prince mourut en prison, laissant plusieurs enfants en bas âge, parmi lesquels l'histoire annamite compte Nguyên Anh, qui devait plus tard devenir célèbre sous le chiffre (nom de règne) de *Gia Long*.

Le gouvernement du régent exaspéra le peuple; des plaintes furent portées à la cour impériale des Lê. Trinh, chua du Tonquin, voulant se débarrasser de ses rivaux les Nguyên, envoya une armée qui pilla et ravagea la Cochinchine. Le peuple fut encore plus exaspéré par la guerre cruelle des Tonquinois que par les désordres de la cour de Hué.

Alors, les deux frères Nguyên Van Nhac et Nguyên Van Hué, aidés des subsides d'un riche marchand, leur proche parent, soulevèrent le peuple et inscrivirent sur leur étendard : *Tay Sho'n Thn'o'ng Tac* (guerre des hautes montagnes de l'ouest). D'où le nom de *Tay Sho'n*, donné à la révolte et aux chefs des révoltés.

Les Tay Sho'n surprirent les Tonquinois, au moment où ceux-ci venaient de s'emparer de Hué ; ils les battirent complètement. Les princes de la famille Nguyên se réfugièrent à Saigon et, cinq mois plus tard, Nhac se fit couronner roi de Cochinchine, sous le chiffre de *Quang Tong*.

Le 7° mois de la même année, Long Nhu'o'ng (qui n'est autre que Hué, le frère cadet de Nhac) s'empara de Kê Cho', capitale du Tonquin, se contentant de prendre les attributions de chua, vacante par la mort du dernier des Trinh. Mais le prince régnant de la maison Lê étant mort, son successeur s'enfuit en Chine et Nhac donna le titre de roi à son frère cadet.

Au premier mois de 1779, les Tay Sho'n parurent en armes devant Saigon. La famille des Nguyên s'enfuit à Mi Tho pour organiser la résistance. En 1783, fatigué de cette guerre de partisans, Nhac envoya Long Nhu'o'ng, son frère cadet, à la tête de 17,000 hommes, pour prendre définitivement possession de la basse Cochinchine, Nguyên Anh s'enfuit à Siam.

En 1783, de faibles secours et quelques officiers de mérite, amenés par l'évêque d'Adran, débarquèrent de Pondichéry en Cochinchine. Nguyên Anh, fuyant de nuit la cour de Siam, où il s'était réfugié, vint débarquer à Ca Man. Aidé des conseils des Français, il recommença pied à pied la conquête du royaume.

En 1789, il entrait à Saigon, en 1801 à Hué, en 1802 à Ke Cho', capitale du Tonquin. Les restes de la famille des Tay Sho'n furent massacrés, et Nguyên Anh prit le titre de *Gia Long* (souveraine extension) pour nom de règne.

Minh Mang, son fils, lui succéda en 1820 ; Thiêu Tri, son petit-fils, en 1841 et Tu' Du'c, le roi actuel, en 1847. [1]

La famille des Trinh, chua du Tonquin, massacrée, la famille des Lê évincée du trône, la famille des Nguyên, seigneurs de Hué, reformant l'unité nationale, tels furent les résultats de la célèbre révolte des Tay Sh'on.

Commencée sous Gia Long, la conquête du Cambodge fut presque complétée sous Minh Mang, après des guerres longues et acharnées contre les Siamois, auxquels les Annamites disputaient la prépondérance sur ce malheureux royaume.

---

[1] Remplacé en 1885 par Donc Khânh. et en 1889, par Thanh Thaï (L.-G.).

En 1747, Thiêu Tri, fatigué de ces guerres incessantes et d'accord avec Siam, plaçait sur le trône Néac Ong Du'o'ng, père du roi actuel. Daignant pardonner à ce « rebelle, » il lui faisait remettre les insignes qui le créaient roi du Cambodge. C'est à ces droits d'investiture que la France s'est substituée. Le roi du Cambodge, tributaire de Huê depuis plusieurs siècles, était placé sous notre protectorat par la conquête des six provinces.

Sous Gia Long, Minh Mang et Thiêu Tri, l'unité de la Cochinchine et du Tonquin fut maintenue. Mais sous Tu' Du'c, les rivalités des Cochinchinois et des Tonquinois redevinrent ardentes comme l'ont tristement prouvé de récents événements.

Ainsi s'est formée cette nation annamite, fortifiée pendant dix siècles par son contact avec la civilisation chinoise et rajeunie par le sang des diverses races qu'elle a subjuguées ou refoulées dans son extension vers le sud. Cette nation, en partie conquise par les Français, semblait appelée à peupler progressivement l'Indochine entière. S'arrêtera-t-elle dans son essor? Tarirons-nous en elle cette puissance d'expansion, plusieurs fois séculaire, qui est un des caractères de son génie?

Si nous savons assez étudier sa langue, son histoire, ses lois, ses mœurs et son antique organisation pour diriger ses aptitudes et les porter à leur plus haut degré de perfectionnement, si nous savons nous emparer de son esprit, capter sa confiance, lui faire apprécier notre civilisation, nous assurerons à la France l'empire de l'Indochine.

CHAPITRE III

La constitution politique de la société annamite n'est ni démocratique ni oligarchique ; son gouvernement est la monarchie pure. Nous ne trouvons, en effet, chez les Annamites, ni parlement venant contrôler les actes du monarque ou limiter son pouvoir, ni noblesse faisant contre-poids à sa puissance.

L'égalité entre les citoyens est absolue ; l'accession aux charges est ouverte à tout le monde ; on ne remarque d'autres distinctions sociales que celles qui s'attachent aux fonctions, au mérite, à la fortune.

Au-dessous du monarque, pas d'aristocratie, dans le vrai sens de ce mot : de même qu'en Turquie il y a le sultan et le peuple, de même ici nous avons l'empereur (*Hoang Dé*) et le peuple (*Dzàn*).

Il existe, à la vérité, en Chine et en Cochinchine, une sorte de noblesse, une classe que, faute de meilleure expression, l'on peut désigner par ce mot ; mais il faut se garder de le prendre ici au sens ordinaire et de croire à l'existence d'une classe aristocratique héréditaire, ayant, comme dans certaines monarchies européennes, une part légale d'influence dans le gouvernement.

On trouve, dans les deux pays, un ordre particulier de noblesse, divisé en cinq degrés : *Cong, Hàu, Ba, Tu', Nam.* Chez les Annamites, on obtient l'un de ces degrés, soit à la suite d'actions d'éclat, soit à la suite de services civils dis-

tingués. Ces degrés de noblesse n'ont aucun rapport avec le
rang qu'occupent les fonctionnaires dans la hiérarchie du
mandarinat [1]. Il en résulte que tel petit fonctionnaire pourra
mériter et obtenir le plus haut degré de la noblesse (*Cong*),
tandis que tel haut fonctionnaire pourra n'être gratifié que
du cinquième degré (*Nam*). Les mérites personnels ou ceux
de la génération précédente, donnent entrée dans la noblesse ;
le savoir donne seul accès au mandarinat. Pour exercer une
fonction, il faut avoir satisfait aux examens, comme le commun du peuple ; la naissance n'y sert de rien.

On a quelquefois traduit les noms des degrés de la noblesse
orientale par les titres de duc, comte, vicomte, baron, chevalier. Cette assimilation a le défaut de rappeler un ordre d'idées
complétement étrangères à ce pays.

Les caractères spéciaux des titres de noblesse annmite
sont : 1° de ne donner droit à aucune fonction militaire, administrative ou politique ; 2° de n'être qu'une simple distinction
sociale, accompagnée de certains droits de préséance dans les
cérémonies publiques et de quelques immunités d'impôt ; 3°
d'exiger un mérite continu dans les familles, sans quoi la
qualité nobiliaire se perd par la succession des générations.
Ainsi, le fils d'un noble du premier degré (*Cong*) est *Tap Am*
(héritier de la faveur du père) ; mais il n'a plus que le deuxième degré de la noblesse (*Hầu*), et ainsi de suite. Son cinquième successeur n'a donc plus de titre ; par courtoisie, on
lui accorde encore l'épithète de *Nhiêu Am* (bénéficiaire de la
faveur royale), et on lui maintient l'exemption d'impôt. Après
lui, tout privilège cesse, le titre de courtoisie s'éteint en sa
personne.

1. Les Européens ont donné le nom de « mandarins » aux fonctionnaires
civils ou militaires, qui ont rang dans les sept degrés de la hiérarchie
officielle chez les peuples de race chinoise.

Pour récompenser les mandarins qui lui avaient été fidèles dans l'adversité et l'avaient aidé à reconquérir son royaume, Gia Long institua un nouvel ordre de noblesse comprenant sept degrés. Cet ordre prit le titre de *Minh Ngai Cong Thân*, c'est-à-dire : Ordre des sujets de fidélité et de mérite éclatant.

Dans cette institution, du premier au cinquième degré, la noblesse était héréditaire et diminuait d'un degré à chaque génération, mais jusqu'au cinquième degré seulement. Le titulaire du cinquième degré transmettait héréditairement son titre, de mâle en mâle, par ordre de primogéniture, jusqu'à la fin de la dynastie du Nguyên. C'était dans ce principe d'hérédité perpétuelle, car toute dynastie régnante est éternelle, c'était dans ce principe, disons-nous, qu'était l'innovation contraire aux mœurs du pays. Quant aux titulaires du sixième ou septième degrés, leur titre n'était pas transmissible.

Mais Minh Mang, successeur de Gia Long, supprima l'ordre des *Minh Ngai Cong Thân*; ainsi prit fin cette institution, qui aurait pu former, à la longue, une classe aristocratique héréditaire.

La noblesse, chez les Annamites, se réduit donc, en réalité, à des titres temporairement héréditaires, accordés aux sujets méritants: titres dont l'éclat va s'affaiblissant à chaque génération et qui sont de simples marques de distinction n'emportant l'idée d'aucune prérogative politique.

On trouve aussi, chez les Annamites, des bénéfices immobiliers, sorte de majorats, transmissibles de mâle en mâle, par ordre de primogéniture, constitués pour récompenser de grands services rendus à l'État. Mais le transfert de ces biens n'emporte pas transmission des fonctions paternelles; il ne déroge en rien, dans la dévolution des héritages, aux lois ci-

viles qui régissent le peuple. C'est un simple don royal, inaliénable, augmentant la part des biens immobiliers voués
dans les familles au culte des ancêtres, un don n'ayant d'autre
but que d'assurer le culte de la mémoire d'un grand serviteur
du pays et de maintenir en état de réparation convenable son
tombeau et celui de ses pères.

Le gouvernement de la société annamite a-t-il été de tout
temps la monarchie pure, tempérée par le principe de l'égalité civile ?

Si l'on admet le récit légendaire qui fait gouverner les cent
tribus transméridionales des Giao Chi par la dynastie chinoise de Hong Ban, la société annamite a dû nécessairement
passer, pendant l'existence du royaume vassal de Viêt Nam
ou Van Lang, par les mêmes formes politiques que la Chine.
La conquête du pays de Giao par les armées de Tân Thi
Hoang Dé, n'aurait eu d'autre but que de détruire la royauté
vassale des pays transméridionaux, dernier refuge de la féodalité chinoise.

Dans cette hypothèse, le pouvoir impérial, aux temps de
Thuân et de Nghiêu, était entre les mains de chefs électifs,
réunissant en leur personne l'autorité civile et l'autorité religieuse, donnant des lois au peuple et offrant au souverain
suprême, c'est-à-dire à Dieu, des sacrifices sur les lieux élevés, aux époques déterminées par les coutumes rituelles.

Mais avec la dynastie Ha, le principe d'hérédité triomphe ;
il se maintient sous la dynastie Thu'o'ng, et la féodalité parait être dans son plein épanouissement sous la dynastie des
Châu. Le livre des « Annales » parle des grands vassaux sous
les deux premières dynasties, et, sous la troisième, Châu
Cong, prince de la maison impériale, compose le *Châu Lê*
(Rituel de Châu). Ce livre est principalement consacré à régler les rapports du souverain avec ses vassaux et les devoirs

de ces derniers et de leurs officiers envers le peuple. Il est donc possible que les Giao Chi, qui allaient aux hommages à la cour des Châu aient suivi chez eux les prescriptions du rituel.

En Chine, la féodalité disparaît, pour faire place à la centralisation impériale, au III⁰ siècle avant l'ère chrétienne. A cette époque, disparaît aussi, dans le pays de Giao, la royauté indigène des Yên Dzu'o'ng, pour faire place au général chinois Triêu Da et, plus tard, à de simples gouverneurs chinois, jusqu'au x⁰ siècle après J.-C. Toutes les grandes charges cessent d'être héréditaires, les gouverneurs des pays transméridionaux sont fréquemment changés, de peur que leur éloignement de la capitale ne les porte à se rendre indépendants.

Mais si les gouverneurs du Nam Viêt étaient chinois, les chefs secondaires de l'administration, restés ou devenus indigènes, devaient gouverner héréditairement, car c'est sous leur conduite que le peuple se révoltait contre l'autorité chinoise pour arriver à l'indépendance.

Certains lettrés indigènes n'admettent pas que depuis les temps historiques, c'est-à-dire depuis le III⁰ siècle avant l'ère chrétienne, la féodalité ait existé chez les Giao Chi. Ils admettent au contraire son existence, aussi longtemps qu'elle a été une nécessité politique, chez les peuples conquis par les Giao Chi, au temps des vice-rois chinois ou sous les rois indigènes. Mais, à mesure que l'assimilation se faisait, les chefs perdaient leur pouvoir héréditaire, ou étaient remplacés par de simples fonctionnaires. Cependant les tribus de Moïs, débris des populations autochtones réfugiées dans les forêts, ont encore, en beaucoup d'endroits, des chefs héréditaires, vassaux de Huê.

Au x⁰ siècle, le peuple annamite a complètement adopté

la civilisation chinoise : la royauté absolue indigène s'établit définitivement ; le monarque prend les mêmes titres que l'empereur de Chine, il a les mêmes pouvoirs.

Il faut lire les livres canoniques (les *Kinh*) pour se faire une idée de ce qu'est un souverain chinois ou annamite, ou du moins de ce que le font son éducation et l'influence des mandarins qui l'entourent, choisis parmi les lettrés gradués dans les examens publics.

Dans ce système de monarchie pure, le monarque est emprisonné par les formules d'un culte traditionnel mal défini, qui remonte à plus de trente siècles avant notre ère, et qui n'a d'autres limites que celles de la doctrine de Confucius, suivie par tous les lettrés de la nation.

Le *Du'c Hoang Dê*, l'empereur auguste et saint, comme disent les Annamites, est empereur, souverain pontife, juge suprême. Il est le père et « la mère » du peuple. Il est le premier lettré de son empire, c'est-à-dire le plus fidèle observateur de la doctrine de Confucius. Lui seul est le représentant, le mandataire du ciel. Lui seul a le droit d'offrir, pour la nation, le sacrifice au Thu'o'ng Dê, au suprême empereur des choses et des âmes. Lui seul, dans son empire, s'appelle le fils du Ciel, titre qui est un symbole de sa soumission aux idées religieuses traditionnelles et au devoir filial. Ce titre n'emporte aucune idée d'orgueil, ni d'assimilation à la divinité ; c'est un nom tout de piété filiale, qui exprime la subordination au suprême Empereur et le devoir de pratiquer la vertu dont ce dernier est le divin modèle.

Aussi voyons-nous, pendant les calamités publiques, le Fils du Ciel, sous l'influence de ces idées, se déclarer coupable des malheurs qui affligent la nation ; confesser humblement, dans les édits, sa propre indignité ; ordonner des jeûnes à la cour, aux fonctionnaires, au peuple ; offrir des sacrifices pour apaiser le courroux d'en haut et ramener la prospérité. Confucius et les philosophes de son école ont tracé les règles de la conduite de l'empereur ; s'il s'en écarte, il pèche, il forfait à sa mission, il perd le « mandat du ciel » (*Thien Mang*).

Perdre le mandat du ciel, c'est perdre l'empire, car lorsqu'un souverain gouverne tyranniquement le peuple, l'histoire nous montre de loin en loin, surgissant au moment décisif, un homme supérieur, écho des idées de tous, qui déclare que le souverain a perdu le mandat du ciel. Cette fatale excommunication, engendrée et répercutée dans la conscience publique, suffit pour faire écrouler la dynastie. Mais cette évolution dans les esprits est lente à se produire et révèle d'effroyables souffrances, car c'est un acte d'impiété, un sacrilège que de se révolter contre celui qui possède le mandat du ciel.

Le système de gouvernement, avons-nous dit, est donc la monarchie pure, absolue, sans contrôle, sans constitution effective, sans autres limites qu'une puissante coutume, devenue presque rituelle, et un code transmis, de temps immémorial, de dynastie en dynastie.

Un Annamite, un Chinois, ne comprennent guère le gouvernement sans que le monarque, représentant officiel de la morale purement rationnelle de Confucius, soit en même temps pontife d'un culte national, traditionnel et héréditaire. Ils n'ont pu concevoir encore la puissance publique sous la forme impersonnelle et déléguée des assemblées délibérantes, pas plus que sous celle d'un chef nommé à temps par les mandataires de la nation. L'idée religieuse primordiale, l'investiture par le ciel, est la clef même de leur conception politique. Les autres systèmes de gouvernement ne leur apparaissent que comme une anarchie contre nature : « N'avoir pas de chef, disent-ils, est indigne de l'homme, c'est ressembler aux animaux. »

Dans la famille souveraine comme chez le peuple, la polygamie existe en droit ; néanmoins, les hommes du peuple
n'ont généralement qu'une femme ; ils n'ont recours à la polygamie que lorsqu'ils ne peuvent avoir de postérité mâle
de leur épouse légitime. En cela, ils observent l'esprit des
rites du culte des ancêtres. Mais les hauts fonctionnaires,
pour accroître leur crédit en augmentant leurs relations, épou-
sent plusieurs femmes sans motif légitime. Les gens riches
les imitent pour faire comme les grands. Quant au souverain annamite, la politique le force à avoir un harem. C'est là
seulement qu'on retrouve ces eunuques chargés de la garde
des femmes dans les pays orientaux, classe intrigante, toujours mêlée aux révolutions de palais, et quelquefois investie
des plus hautes charges [1].

Si quelque souverain de l'Annam a trouvé la polygamie
désastreuse pour la prospérité politique des dynasties roya-
les, aucun jusqu'à ce jour n'a réussi à l'abolir; ils sont obligés, dans l'intérêt de leur dynastie, de prendre leurs femmes
dans les grandes familles et chez les hauts fonctionnaires
dont ils veulent s'assurer la fidélité [2].

La succession au trône a lieu par ordre de primogéniture,
de mâle en mâle. Par l'aîné, il ne faut pas entendre le premier-
né des enfants des femmes de divers rangs qui peuplent le
harem du roi; il faut entendre le premier-né des enfants de
la Reine, qui est la femme de premier rang, la femme légitime. Les lois de la famille régissent celle du souverain
comme celles du peuple : c'est pour avoir voulu mettre sur le
trône, au mépris de ces lois, des fils de femmes de second
rang, aux lieu et place de l' « héritier de droite lignée, » né

---

1. On voit encore, près de Saigon, le tombeau d'un eunuque mort gouverneur de Gia định.
2. Voir, sur ce sujet, les *Souvenirs d'Hué*, de M. Du Chaigneau.

de la femme légitime, que des révolutions dynastiques ont eu lieu, soit en Chine, soit dans le pays d'Annam.

Les femmes, considérées comme incapables de rendre le culte aux ancêtres, sont exclues du trône, mais non de la régence. La dévolution de la couronne est donc régie par une sorte de loi salique, applicable aux enfants de la femme légitime, avant les enfants d'un autre lit.

Le souverain, grand pontife du culte national, juge suprême, empereur, gouverne despotiquement le peuple, et administre le pays par l'intermédiaire de six ministères ; le ministère de l'administration (*Bo Lai*), celui des finances (*Bo Ho*) celui des rites (*Bo Lê*), celui des peines (*Bo Hinh*), celui de la guerre (*Bo Binh*), celui des travaux publics (*Bo Cong*). Cette division en six ministères, usitée dans l'empire d'Annam, est d'origine chinoise ; elle remonte à Châu Cong.

L'étude détaillée des attributions des hauts fonctionnaires du royaume, depuis les ministres jusqu'aux gouverneurs de provinces, serait de peu d'utilité. Nous allons passer rapidement sur cette partie de l'organisation politique des Annamites, chez lesquels une centralisation sans bornes a tué l'initiative individuelle et amené la décadence de l'esprit public, par l'abus du fonctionnarisme et l'excès du pouvoir absolu.

Chaque « grand tribunal » ou ministère se compose du ministre président (*Thu'o'ng Tho'*), de deux conseillers, (*Tham Tri*), de deux aides conseillers (*Thi Lang*) et d'un secrétaire (*Biên Ly*).

Les affaires des ministères ne sont pas, comme chez nous, décidées et signées par le ministre seul : elles sont soumises à l'examen de cette espèce de tribunal ou de section de conseil d'État, présidée par chaque ministre dans son département. Pour qu'une affaire sur laquelle le ministre a droit de prononcer en dernier ressort soit suivie d'exécution, il faut que tous les membres du tribunal adoptent le même avis, car le dissentiment d'un seul entraîne la nécessité d'en référer au roi. En ce cas, l'affaire est portée au Conseil aulique (*Noi Cac*), siégeant dans le palais, et chargé d'examiner les affaires soumises à la décision royale.

Chaque ministère, — nous voulons dire le ministre et ses assesseurs, — est pourvu du personnel nécessaire à l'expédition des affaires : chefs de service et chefs de bureau, ayant rang dans le mandarinat ; commis et écrivains, n'ayant point de rang au contraire dans la hiérarchie des fonctionnaires.

Au-dessus des six ministères est placé le tribunal des Censeurs. Ses membres sont chargés de contrôler l'administration du royaume dans tous ses détails ; ils ont le droit de censurer les actes et même la conduite privée de tous les fonctionnaires ou dignitaires, des personnes de la cour et des membres de la famille royale ; ils ont le devoir de faire des remontrances respectueuses au roi lui-même.

Toute personne a le droit de s'adresser au roi, soit pour demander un redressement de tort, soit pour tout autre motif ; un tribunal spécial (*Dai Li Thi*) examine les affaires de toute nature qui peuvent être portées devant lui à cette occasion. Tout opprimé, pour être introduit devant le tribunal de l'appel au roi, n'a qu'à frapper sur le tambour suspendu en dehors de l'enceinte royale. Mais malheur au téméraire qui aurait frappé à tort sur le tambour : le moindre châtiment qu'il puisse encourir est un minimum de cent coups de bâton.

Le roi est assisté dans ses fonctions de juge suprême par le tribunal des *Trois Règles*.

« Dans l'empire d'Annam, le rôle du tribunal d'appel à la

« justice du souverain (*Dai Li Thi*) est presque nul : le tribu-
« nal des Censeurs a un peu plus d'importance. Ces deux
« tribunaux, réunis au tribunal du ministère des peines,
« forment ce que l'on appelle le tribunal des *Trois Rè-*
« *gles*[1]. »

Cette cour examine toutes les affaires judiciaires soumises
au roi, et prépare ses décisions souveraines ; elle tient les
assises d'automne, où sont révisés, avant d'être soumis à la
sanction royale, les jugements de tous les condamnés à la
peine capitale.

L'autorité royale est maintenue au dedans et défendue au
dehors par l'armée. Le maréchal du Centre est le connétable
du royaume, personnellement chargé de la défense de l'enceinte intérieure de la citadelle de Hué (*Thanh Noi*) où réside
le roi. Il est assisté de quatre maréchaux : le maréchal d'a-
vant-garde (*Tien Quân*) et le maréchal de droite (*Hu'u Quân*),
le maréchal de gauche (*Ta Quân*) et le maréchal d'arrière-
garde (*Hau Quân*).

Ces maréchaux sont désignés par l'expression collective
les quatre colonnes de l'Empire (*Tu' Tru*). D'après le P. Legrand, ces grands personnages militaires sont chargés, à la
mort du roi, de recevoir ses dernières volontés et de veiller
sur sa succession.

Malgré les cadres apparents d'une importante organisation
militaire, une bonne partie de l'armée annamite n'existe que
sur le papier. Cette armée sert d'ailleurs par bans, en temps
de paix. Après avoir passé trois mois en service, le soldat
revient trois mois dans ses foyers, pour rentrer de nouveau
dans les rangs. Si l'on a appelé trois bans au lieu de deux,
le soldat sert alternativement trois mois et se repose six. La
durée du service militaire est de dix ans.

1. Philastre, *Code annamite*, p. 680. Paris, 1876, Ernest Leroux,
éditeur.

Sous les ordres du maréchal du Centre est placée l'armée impériale, divisée en armée de la garde (*Vê*) et armée provinciale (*Co'*). Dans les gardes (*Linh Vê*), l'infanterie se compose de 80 régiments[1] de cinq cents hommes chacun. Dix régiments forment une division de cinq mille hommes commandée par un *Thong Chê*, ayant sous ses ordres des brigadiers ou *Dê Dôc*. A la tête de chaque régiment est un commandant (*Chanh Vê Huy*), vulgairement appelé *Quan Vê*, assisté d'un lieutenant-commandant (*Pho Quan Vê*). Chaque compagnie de cinquante hommes a pour chef un *Cai Dôi* ou *Suât Dôi* vulgairement appelé *Quan Dôi*, ayant sous ses ordres des sous officiers (*Doi Tru'o'ng*) (*Ngu'Tru'o'ng*), correspondant à nos sergents et caporaux[2].

Les troupes de la marine, auxquelles il ne manque que des vaisseaux, comptent trente régiments, c'est-à-dire quinze mille hommes, placés sous le commandement d'un amiral en chef (*Do Thong Thuy Su'*). Cet amiral est assisté par un vice-amiral (*Thong Chê*) qui commande dix régiments et deux contre-amiraux (*Chu'o'ng Vê*), commandant chacun dix régiments.

1. Nous suivons ici la note de Phan thang Giang, traduite par M. Aubaret dans sa *Description de la Basse-Cochinchine*, en la modifiant d'après nos propres renseignements.

2. Le dictionnaire du P. Legrand traduit *Vê*, par garder, défendre ; *Chanh Vê*, par colonel ; *Dôi*, par capitainerie, capitaine. A notre avis, le régiment annamite doit être comparé à un bataillon plutôt qu'à un régiment. Il nous a donc paru plus juste de traduire *Chang Vê* par commandant, pour donner une idée plus exacte de ce chef d'unité tactique. Le mot *Dôi* signifie groupe, compagnie (Morrison) ; le *Quan Dôi* est donc un chef de compagnie. Les *Dôi Tru'o'ng*, aînés de la compagnie, sont nos sergents, on les appelle *Cai* en langue vulgaire. Les *Ngu Tru'o'ng* aînés de cinq hommes sont nos caporaux ; on les appelle *Bep*, chef de plat, en langue vulgaire. Ainsi le *Chanh Quan*, vrai commandant, assisté de son sous-commandant (*Pho Quan*), a sous ses ordres les *Quan Dôi* ou chefs de compagnie, assistés par leurs *Cai*, sergents, et *Bep*, caporaux. Il n'y a ni lieutenant, ni sous-lieutenant.

Ainsi l'armée annamite des gardes (*Vê*) se composerait en totalité de cinquante-cinq mille hommes. Il faut ajouter à ces forces les compagnies d'artilleurs et les régiments de milice provinciale (*Co'*) affectés spécialement, en temps de paix, au service de la province dans laquelle ils sont levés.

L'armée annamite des *Linh Vê* se recrute dans la Cochinchine proprement dite, du Binh Dinh au Nghê An. Les autres provinces ne fournissent que des *Linh Co'*, soldats des régiments provinciaux qui ne sont pas employés à la garde de la capitale.

L'administration civile et militaire du royaume est confiée, par le roi, à deux classes de mandarins : les mandarins civils (*Quan Van*), les mandarins militaires (*Quan Vo*). Le peuple, dans l'Annam comme en Chine, a plus de considération pour les mandarins civils que pour les mandarins militaires. Aux premiers seuls sont dévolues les fonctions administratives de toute nature ; ils sont pris dans la classe des lettrés ayant satisfait aux examens littéraires. Ce sont généralement des hommes d'une instruction très-complète, connaissant la doctrine de Confucius, la philosophie, le droit, la littérature, l'histoire de leur nation et de l'empire chinois.

Les mandarins militaires sont choisis surtout d'après leurs aptitudes physiques, leur intelligence militaire ou leurs hauts faits devant l'ennemi ; ce n'est que dans les grades élevés que l'on trouve des mandarins vraiment instruits et dignes de quelque considération.

Les fonctionnaires civils et militaires ont été désignés sous le nom de mandarins par les premiers Européens arrivés dans les mers de la Chine. Le mandarinat[1] est divisé en

---

1. Nous n'avons pas la prétention de nommer tous les fonctionnaires qui administrent le peuple annamite. Nous nous bornerons, pour donner une première idée assez juste, assez complète de leur hiérarchie administrative, à énumérer certaines charges du mandarinat.

sept degrés et chaque degré en deux classes : la première ou vraie classe (*Chanh Pham*) ; la deuxième ou suivante, (*Tung Pham*). On dit, par exemple, un mandarin de la première ou de la deuxième classe de tel degré.

Nous suivrons pour cela l'ordre succinct de la note rédigée par l'annamite Phan thanh Giang, pour M. Aubaret, qui en a donné la traducduction dans la *Description de la Basse-Cochinchine*

1re classe du Ier degré. — Il y avait deux mandarins de cette classe à l'époque où fut rédigée cette note : le *Dai Hoc Si*, grand censeur et le grand maréchal du centre, *Trung Quan*.

2e classe du Ier degré. — Les vice-censeurs (*Hiép Biên Doi Si*) ; le général en chef (*Do Choug*), commandant l'aile droite des régiments de la garde, dits *Vo Lam* ; l'amiral en chef (*Thvy Su'Do Thong*).

1re classe du IIe degré. — Les présidents des six ministères ou ministres (*Thu'o'ng Tho'*) ; les gouverneurs généraux des provinces (*Tong Doc*) ; les généraux divisionnaires (*Thong Ché*) ; le vice-amiral (*Thuy Su' Thong Ché*) ; le général commandant militaire du territoire de Huê (*Thu'a Thiên Dé Doc*).

2e classe du IIe degré. — Les premiers assesseurs ou conseillers du ministère (*Tham Tri*) ; les gouverneurs particuliers des provinces de second ordre (*Tuần Phu*) ; certains généraux divisionnaires ; les deux contre-amiraux.

1re classe du IIIe degré. — Les aide-assesseurs ou aide-conseillers des ministères (*Thi Lang*) le gouverneur civil du terrritoire de Huê (*Phu Dzoan*) ; les chefs de service de l'administration provinciale (*Bo Chanh*) vulgairement appelés (*Quan Bo*) ; les commandants des régiments royaux (*Vé Huy*) appelés vulgairement *Chanh Vé* ; les généraux des régiments de milice provinciale (*Lanh Binh*) pris parmi les Chanh Vé.

2e classe du IIIe degré. — Les *Bien Ly*, secrétaires des tribunaux ministériels ; les *Pho Vé*, commandants en second des régiments royaux les *Pho Lanh Binh*, lieutenants généraux des régiments de milice provinciale choisis parmi les *Pho Vé*.

1re classe du IVe degré. — Les *An Shat*, vulgairement appelés *Quan An*, chefs du service judiciaire en province ; les *Lang Trung*, chefs de division dans les divers ministères.

2e classe du IVe degré. — Les *Quan Dao*, gouverneurs particuliers des provinces de troisième ordre...

1re classe du Ve degré. — Les *Doc Hoc*, directeurs des études en province ; les *Quan Co'* ; commandants des régiments provinciaux, les *Pho Quan Dao* ; sous-gouverneurs des provinces de troisième ordre.

2e classe du Ve degré. — Les *Tri Phu*, administrateurs de département ; les *Pho Quan Co'*, commandants en second des régiments provinciaux.

Du premier au troisième degré inclusivement, les mandarins ont droit au titre de *Ong Lo'n*, qui signifie : « votre grandeur, votre éminence. » Par exception, le chef du service judiciaire dans les provinces reçoit le même titre, bien qu'il ne soit que du quatrième degré. Le peuple donne, d'ailleurs, de l'éminence à tout fonctionnaire ayant rang dans le mandarinat, bien qu'à partir du quatrième degré ces fonctionnaires n'aient droit qu'au titre de *Ong Quan* : « monsieur le mandarin ».

Les sous-officiers et les employés aux ordres des divers fonctionnaires n'ont pas rang dans le mandarinat ; ils ont droit au titre de maître (*Thay*). Cependant on les divise en deux classes : les employés du huitième et du neuvième degré, qui font partie de la hiérarchie générale des fonctionnaires, sans compter les surnuméraires appelés : *Vi Nhap Lu'u Tho' Lai* (lettrés qui ne sont pas encore entrés dans le courant).

En Europe, on se fait difficilement une idée de ce que sont les fonctionnaires chez les peuples de civilisation chinoise. L'Européen, même celui qui habite l'Orient, les juge toujours mal et leur attribue volontiers la mauvaise administration dont les peuples sont victimes.

Il est assez naturel d'accuser les administrateurs ; mais il

1re classe du VIe degré. —Les *Dong Tri Phu*, administrateurs adjoints de département ; les *Sudi Dôi*, chefs de compagnie dans les régiments provinciaux.

2e classe du VIe degré. — Les *Tri Huyen*, administrateurs d'arrondissement ; les *Thong Phan*, secrétaires généraux du service administratif ou judiciaire en province.

1re classe du VIIe degré. —Les *Giao To*, professeurs de l'État, surveillant des études dans l'étendue d'un département ; les *Kinh Lich*, sous-secrétaires généraux des services dans les provinces.

2e classe VIIe degré. — Les *Huan To*, directeurs des études dans un arrondissement ; les *Tien Ho*, chefs de canton, récompensés par ce titre de leur bonne administration.

serait plus juste de faire remonter la cause du mal aux
institutions elles-mêmes. Dans l'Empire d'Annam, les lettrés
sont assez instruits pour qu'on attende d'eux une bonne
administration.

Si donc ce gouvernement, presque aussi savamment orga-
nisé que ceux de l'Occident, produit des résultats déplorables,
ce n'est pas que ces fonctionnaires soient incapables, c'est
parce qu'il manque de contrôle. On ne peut croire, en effet, à
l'efficacité du tribunal des Censeurs, composé de mandarins.
L'égalité devant la loi existe en principe chez les Annamites,
mais la liberté, qui permettrait d'en faire une réalité, est
absolument inconnue. L'administration étant une émanation
de l'autorité royale, élever la voix contre elle, c'est élever la
voix contre le roi, dont le nom ne doit pas même être prononcé par le peuple, de peur de profanation. Le principe
d'autorité a donc été exagéré. Il a façonné au joug un
peuple singulièrement obéissant, respectueux envers ses
supérieurs, mais ignorant des droits que la loi et la coutume
lui accordent. A ce peuple illettré la loi est soigneusement
cachée; on n'en trouve d'exemplaire que dans les tribunaux;
c'est un livre sacré que les lévites seuls peuvent ouvrir et
expliquer. Si, par exemple, le juge, le préfet, le collecteur
d'impôts se trompent dans leurs décisions, le peuple ne doit
pas s'en inquiéter; il ne doit ni provoquer un contrôle, ni
demander une réforme; l'affaire sera révisée par les supérieurs hiérarchiques ou par le Roi. Tout arrive donc
en dernière analyse au monarque; tout repose sur lui,
c'est-à-dire sur un homme ordinairement élevé dans le
harem et par conséquent tenu à l'écart des affaires pendant sa jeunesse. Les fonctionnaires n'ayant d'autre contrôle que l'autorité du Roi, — dont la volonté, l'intelligence, la puissance de travail sont toujours au-dessous d'une

pareille tâche, — et ce moteur souverain, dans cette machine si puissamment centralisée, étant presque toujours inerte, l'administration ne reçoit pas d'impulsion régulatrice et le peuple est fatalement mal gouverné.

Ce résultat, qui frappe les Européens, est l'origine de la mauvaise réputation des mandarins, et par suite de toute la classe des lettrés. On les représente comme des gens absolument ignorants, sans moralité, sans dignité. Cependant leurs connaissances en droit, en littérature, en philosophie, en histoire, n'autorisent pas à dire qu'ils sont ignorants. Ils ignorent, il est vrai, les sciences utiles ; ils n'ont pas les connaissances pratiques qui leur permettraient de faire fleurir l'agriculture, le commerce et l'industrie et par conséquent de faire progresser leur pays. Mais cette ignorance relative tient à la civilisation même qu'ils représentent et qui est arriérée comme eux.

Le seul reproche qu'on puisse légitimement leur adresser, c'est d'être accessibles à la corruption, de recevoir de l'argent sous forme de cadeaux. Cela paraît moins étrange, si l'on réfléchit que ces mandarins n'ont pas de solde. Quand au manque de moralité et de dignité, il n'est pas rare de trouver parmi eux des hommes d'une urbanité remarquable, dont la vie privée et publique peut servir d'exemple dans tous les temps et dans tous les pays.

On se souvient à peine en France de l'ambassade annamite de Phan Thanh Giang, qui vint à Paris en 1863. Cet homme a joué un grand rôle dans les relations des deux pays. Quelques détails sur sa vie et son caractère mettront en lumière un côté de grandeur et de vertu antiques dont le type se rencontre quelquefois chez les haut-lettrés du pays d'Annam.

Phan Thanh Giang était le fils d'un employé inférieur de

7

l'administration. Son père ayant encouru la disgrâce de ses
chefs fut condamné à la peine du « travail » et, par conséquent, assujetti à des corvées pénibles au chef-lieu de la province. Phan Tanh Giang, qui n'avait pourtant que douze ans,
ne voulut point quitter son père; il l'accompagna partout,
partageant ses souffrances et l'aidant dans ses travaux. Sa
piété filiale fut bientôt remarquée, car chez ce peuple
c'est la plus honorée de toutes les vertus! Les mandarins
de la province le firent appeler, l'interrogèrent, furent frappés de son intelligence précoce. Il reçut l'ordre de suivre les
cours du directeur de la province (*Doc Hoc*), avec l'espoir
de voir adoucir la peine de son père. L'enfant promit ce qu'on
voulut et tint parole : quelques années plus tard, il passait
brillamment des examens qui correspondent à peu près en
France à ceux de licencié ès lettres (*Cu'Nho'n*) et se mettait
en route pour aller prendre son grade de docteur à Hué.

Jusqu'alors cette terre de *Nam Ky* (la Basse-Cochinchine)
n'avait pas produit de docteur. Les compositions de Phan
Thanh Giang furent si remarquables que le roi, les ayant lues,
voulut l'interroger lui-même. Minh Mang, satisfait de ses
réponses, lui donna un emploi auprès de sa personne. Le
jeune docteur s'éleva rapidement au deuxième degré du
mandarinat; il fut ensuite nommé vice-censeur. Fidèle observateur de la doctrine de Confucius (*Nhu*), il faisait de respectueuses observations au roi toutes les fois qu'il pouvait croire à une erreur de Sa Majesté. Minh Mang, en
véritable souverain despotique, se croyait infaillible. Notre
docteur, que le souci des intérêts de la couronne compro-
mettait trop souvent, après avoir été à plusieurs reprises puni
de sa franchise, fut enfin dégradé de ses titres et privé de
ses dignités, puis incorporé dans les corps d'avant-garde,
guerroyant alors au Quang Nam.

Phan Thanh Giang se soumit à la peine qui le frappait avec une grandeur d'âme peu commune. Vêtu en simple soldat, il marchait au premier rang, donnant à tous l'exemple du courage et de la discipline. Il devint bientôt un objet d'admiration pour les chefs et de respect pour l'armée. Le roi, revenu de son injuste colère, le rappela auprès de lui, et, sous les successeurs de Minh Manh, il fut élevé aux plus hautes charges de l'État.

Lorsqu'éclata la guerre entre la France et l'Annam, il osa seul, mais en vain, conseiller la paix. Quand la cour de Hué fut réduite aux extrémités, ce fut lui que le roi chargea des négociations.

Phan Thanh Giang conclut la paix et obtint, par son habileté diplomatique, la rétrocession de la province de Vinh Long. Il fut alors envoyé en ambassade à Paris, puis, à son retour, nommé vice-roi des trois provinces à l'ouest de notre colonie.

C'était, quand nous l'avons connu, un beau vieillard, plein d'imposante distinction, à l'aspect noble et à la physionomie spirituelle.

Cet homme remarquable avait depuis longtemps compris qu'il était impossible de résister à la France, et jugeait inutile une lutte où ne coulait que le sang des Annamites. Il espérait que le traité de paix serait fidèlement exécuté, que ses compatriotes deviendraient nos élèves et comme les disciples de notre civilisation.

Ces rêves des grands cœurs se réalisent rarement ; ce n'est pas sans des ébranlements profonds, sans des luttes prolongées et douloureuses qu'une civilisation en absorbe une autre. Le gouvernement français, las des attaques perpétuelles qui, malgré les efforts de Phan Thanh Giang, partaient des trois provinces occidentales, las du mauvais vouloir crois-

sant de la cour de Hué, incorpora les trois provinces á la Cochinchine française.

Phan Thanh Giang ne fit pas une résistance qu'il savait absolument inutile. Il ordonnna de rendre la citadelle aux troupes françaises, et fut obéi. Mais, fidèle à son roi et pour se
punir de ce qu'il n'était pas en son pouvoir d'empêcher, il refusa les offres généreuses du vainqueur, et, avec la sérénité
d'un vieux Romain, prit un breuvage empoisonné.

Le vice-roi des trois provinces, l'esprit libre jusqu'à ses
derniers moments, mourut dans une pauvre maison en chaume
qu'il avait habitée pendant le temps de son gouvernement,
voulant ainsi donner à chacun l'exemple de l'abnégation, de
la pauvreté et de l'intégrité scrupuleuse dans l'exercice des
plus hauts emplois.

La vie remarquable que je viens de résumer prouve que la
doctrine de Confucius peut, elle aussi, produire des hommes
que les plus illustres stoïciens n'eussent pas désavoués.

CHAPITRE IV

Le territoire de l'empire annamite est divisé en provinces
(*Tinh*). La province se subdivise en départements (*Phu*),
composés de deux ou plusieurs arrondissements (*Huyên*).
Chaque arrondissement se subdivise en cantons (*Tong*) et en
communes (*Thôn* ou *Xa*).

A la tête des provinces les plus importantes, un gouverneur
général (*Tông Đôc*), éminence de première classe du deuxième
degré, est le directeur ou plutôt le surveillant général de
tous les services de la province, comme l'indique son titre.

Les provinces ne sont pas toutes d'égale importance ; à côté
d'une province gouvernée par un *Tông Đôc*, est une province
placée sous sa haute surveillance, mais dirigée par un gouverneur particulier (*Tuân Phu*), éminence de la seconde
classe du deuxième degré, dans la hiérarchie du mandarinat.

Autrefois, par exemple, dans les six provinces qui forment
actuellement notre colonie de Cochinchine, la province de
Bien Hoa était gouvernée par un *Tuân Phu*, tandis que celle
de Gia Dinh était gouvernée par un *to Tông Đôc*, qui était
gouverneur général de Gia Dinh et de Biên Hoa ¹, *Dinh Biên
Tông Đôc*.

1. Les quatre autres provinces de notre colonie se groupaient ainsi :
Vinh Long, gouvernée par un *Tông Đôc*, et Dinh Tu'o'ng par un *Tuân
Phu*, formaient le gouvernement général de Vinh Tu'o'ng'. De même, le

Il ne faudrait pas induire de là que les gouverneurs particuliers sont sous les ordres des gouverneurs généraux pour
l'administration ordinaire d'une province. Le gouverneur
particulier administre sa province, sans en référer au gouverneur général ; il correspond directement avec les ministres,
ou avec le roi, et règle toutes les affaires, comme le fait le
gouverneur général dans la province où il réside. Mais, en ce
qui concerne les mesures s'appliquant à l'ensemble des deux
provinces ou les intérêts d'ordre supérieur, dans les cas graves et urgents, il peut recevoir des ordres du gouverneur
général et même les provoquer ; s'il s'agit, par exemple,
d'une insurrection pour laquelle une action militaire commune
est nécessaire.

Donc. le gouverneur général ou le gouverneur particulier
dans la province où il réside, réunit en ces mains le gouvernement civil et militaire. Chacun d'eux a sous ses ordres un
général commandant les troupes (*Dé Dôc* ou *Lanh Binh*), un
chef de service administratif (*Quan Bo*) et un chef de service
judiciaire (*Quan An*), tous les trois hauts mandarins, ayant
également droit au titre d'éminence (*Ong Lo'n*).

Dans quelques provinces de peu d'importance, il n'y a point
de gouverneur particulier ; la direction des services est confiée au (*Quan Bô*) et même, dans les moins importantes, il
n'y a ni *Quan Bô*, ni (*Quan An*). Tout le service est alors dirigé par un *Quan Dao*, assisté de son *Pho Quan Dao*. Ces
deux mandarins, du quatrième et du cinquième degré, tiennent lieu de toute la haute administration provinciale [1].

Tông Dôc, résidant à Châu Dôc, était gouverneur général d'An Giang et
de Ha Tien (*An Ha Tông Dôc*).

1. La province *de* Khanh Hoa, par exemple, n'a qu'un *Quan Bô* et un
Quan An. Dans ce cas, le *Quan Bô* remplit la fonction de gouverneur
particulier ; toutes les affaires passent par ses mains ; il correspond directement avec les ministres.

Ces *Quan Dao* ne sont, à proprement parler, que des préfets (*Phu*) à pouvoirs plus étendus ; ils ne correspondent pas avec les ministères, leur administration est sous la direction du gouverneur général de la province voisine, dont ils sont comme les lieutenants-gouverneurs.

Dans un pays où les communications sont loin d'être rapides, où les dépêches urgentes mettent huit jours à parvenir de Hué aux provinces extrêmes, l'on sent l'utilité de ces gouverneurs généraux, concentrant tous les pouvoirs en leur personne, prévenant les conflits et forçant à agir de concert le chef du service administratif et le chef du service judiciaire[1]. Aussi, en entrant en fonctions, prennent-ils le titre de *Binh Bo Thu'o'ng Tho*', titre qu'il est difficile de traduire littéralement, mais dont la signification est : président aux affaires civiles et militaires. Ce titre de *Thu'o'ng tho*' est également donné aux ministres présidant le tribunal de leur ministère. De même, les gouverneurs particuliers de province ont le titre de *Binh Bo Thu'o'ng Thi*.

Tout ce que l'on peut dire des devoirs et des attributions du gouverneur général (*Tong Doc*), s'applique aussi au gouverneur particulier (*Thuan Phu*'), qui, administrativement, joue le même rôle à l'égard des chefs de service de sa province.

Tous les rapports aux divers ministères se font par les soins

La province de Phu Yen n'a ni *Quan Bo*, ni *Quan An* ; elle est administrée par un *Quan Dao*.

1. Si, dans notre colonie de Cochinchine, il devenait un jour possible de ne laisser aux fonctionnaires français que la haute administration provinciale, en abandonnant toute l'administration intérieure aux Annamites, il serait absolument inutile de ressusciter les fonctions de *Tong Doc*. Avec le télégraphe, l'administration centrale, placée à Saïgon, pourrait résoudre directement les questions les plus imprévues et faire promptement cesser les conflits. Cependant, dans les premières années de cette nouvelle organisation et pour ménager une transition toujours délicate, il serait utile de placer dans chaque province un surveillant général de l'administration.

et l'intermédiaire des divers chefs d'administration provinciale, au nom du gouverneur qui les date de son pinceau et les fait timbrer du sceau de sa charge. Toutes les affaires particulières un peu importantes, qu'il n'y a pas lieu cependant de présenter au ministère, sont soumises à l'approbation du gouverneur, à son visa, à son examen ou à son avis, suivant les cas. Les affaires secrètes seules sont traitées directement par ce haut fonctionnaire et transmises au roi ; en ce cas, la dépêche est rédigée par lui.

Jamais les différents chefs des services administratifs provinciaux ne correspondent avec les ministères, en leur nom personnel ; ils écrivent toujours au nom du gouverneur et font dater et timbrer la dépêche par lui, ce qui équivaut à notre présentation à la signature [1].

En résumé, le gouverneur commande tout, dirige tout, contrôle tout, puisque toutes les pièces sont établies en son nom lorsqu'elles sont destinées au ministère, ou soumises à son approbation lorsqu'elles intéressent spécialement la province.

Du temps de Gia Long, il n'y avait pas de gouverneurs généraux (*Tông Dôc*). Les ministres administraient directement la Cochinchine proprement dite ; le Tonquin était sous la haute surveillance d'un Tông Trân, qui servait de Tông Dôc à plusieurs provinces, et la basse-Cochinchine avait également un Tông Trân.

Minh Mang, craignant l'influence des hauts fonctionnaires

---

1. Par suite d'un ancien usage, les chefs d'administration provinciale peuvent correspondre une fois l'an avec le roi. Vers le deuxième mois, sous prétexte de compliments, ils peuvent, dans un rapport, mais à leurs risques et périls, donner leur appréciation sur l'administration de la province. Tout mandarin a, d'ailleurs, le droit d'envoyer une dépêche scellée au roi, et le code prononce des peines sévères contre le supérieur hiérarchique qui oserait arrêter en route cette dépêche, ou contre les courriers qui se permettraient de la livrer, sans en aviser le gouvernement.

dont le pouvoir s'étendait à plusieurs provinces, créa les Tòng Dôc et supprima les Tong Trân.

Plus tard, Tu' Du'c, tout en conservant les Tông Dôc, plaça la Basse-Cochinchine et le Tonquin sous la haute direction d'un *Kinh Lu'o'c*. Ce mot, qu'on a souvent traduit par vice-roi, n'a pas à proprement parler cette signification, si l'on a bien compris l'idée du Roi. Il est difficile de traduire littéralement les titres annamites : il faut connaître les fonctions auxquelles ils correspondent pour trouver leurs équivalents. Le *Kinh Lu'o'c* (visiteur) est le surintendant général de l'administration de plusieurs provinces. Nous avons déjà dit que les gouverneurs (*Tòng Dôc* ou *Tuân Phu*) avaient sous leurs ordres un chef du service administratif de la province, un che du service judiciaire, un commandant supérieur des troupes.

Le *Bo Chanh*, vulgairement appelé *Quan Bo*, est à la tête du service administratif. Il ne sort presque jamais des rangs inférieurs de l'administration; un employé de bureau, à moins d'une intelligence et d'un mérite transcendants, est rarement élevé à ces hautes fonctions. Les Quan Bo sont ordinairement recrutés parmi les lettrés qui ont déjà passé par les emplois d'administrateur de département, ou rempli les fonctions de chef de bureau dans un ministère. Ce sont des hommes déjà mûrs, d'une haute culture intellectuelle et d'une habileté éprouvée dans le maniement des affaires.

Auprès du chef de service administratif, et pour l'assister dans son travail, sont établis des bureaux comportant un personnel proportionné à l'importance de la province, un magasin renfermant les impôts en espèce et en nature, gardé par des magasiniers qui remplissent le rôle de trésoriers.

Voici les noms de ces bureaux et leurs principales attributions.

Le Quan Bo a cinq bureaux, correspondant aux cinq ministères : Le *Phong Lai*, bureau de personnel ; le *Phong Ho*, bureau des finances ; le *Phong Lê*, bureau des rites ; le *Phong Binh*, bureau de la guerre ; le *Phong Cong*, bureau des travaux publics.

Le bureau du personnel est chargé de tout ce qui est relatif aux fonctionnaires et employés de la province : nominations, mutations, renseignements personnels, notes, solde

Le bureau des finances a dans ses attributions le recensement de la population, la concession des terres domaniales, le cadastre, l'assiette de l'impôt, le contrôle de la recette et de la dépense, la surveillance des magasins ou caisses de l'Etat.

Le bureau des rites s'occupe de l'instruction publique, de l'enregistrement des phénomènes météoriques et astronomiques, des cérémonies rituelles : entre autres, l'hommage mensuel à la tablette du Roi ; l'hommage bisannuel à la tablette de Confucius.

Le bureau de la guerre pourvoit au recrutement, à l'équipement et à l'entretien des troupes.

Le bureau des travaux publics centralise tout ce qui a rapport à la construction, à la conservation, à la réparation et à l'entretien de tous les immeubles ou objets mobiliers appartenant à l'État.

A la tête de chaque bureau est un chef du titre de *Hap*, fonctionnaire du huitième ou neuvième degré. Il est assisté de secrétaires (*Tho' Lai*), en nombre suffisant, et de nombreux surnuméraires.

La surveillance générale des bureaux est dévolue à un secrétaire général (*Thong Phan*), mandarin de deuxième classe du sixième degré, ayant rang d'administrateur d'arrondissement (*Huyên*).

Ce secrétaire général est assisté quelquefois d'un sous-secré-

taire général *Kinh Lich*, mandarin de première classe du septième degré. Un fonctionnaire de ce dernier ordre remplace
le secrétaire général dans les provinces les moins importantes.

Aucune affaire n'arrive aux fonctionnaires sans avoir été
complètement étudiée par les bureaux du service dont elle
dépend[1]. Le plus grand soin est apporté à la rédaction de ces
dépêches, car le législateur annamite ne s'en prend pas seulement, pour inexécution des règlements dans la rédaction
des dépêches intéressant les affaires publiques, à l'auteur de
la dépêche ou au chef de service dont elle émane, il punit
tous ceux par les mains desquels elle a passé, depuis le simple rédacteur jusqu'au mandarin, si élevé qu'il soit, dont le
sceau y figure. Tous sont responsables : la peine est d'autant
plus forte que le fonctionnaire est placé plus bas dans la hiérar-

1. Nous analyserons ici, comme exemple, une dépêche du service du
Quan Bo, proposant à Hué la nomination d'un chef de canton des environs de Saigon, avant l'occupation française.

La dépêche originale faite dans *Phong Lai*, bureau du personnel, par
un *Tho' Lai*, était corrigée par le *Hop*, soumise à la censure du *Kinh
Lich* et ensuite à celle du *Thong Phan*, qui la présentait au *Quan Bo*
pour visa, après avoir fait constater par le service du *Quan An* que le
casier judiciaire du candidat était net. Le *Quan Bo* envoyait présenter la
dépêche à l'approbation du *Tong Doc*, qui l'approuvait ou la modi-
fiait, s'il y avait lieu. Cet original était ensuite copié en trois expéditions,
au nom du *Tong Doc*, par les bureaux du *Quan Bo*. Ces trois copies
étaient portées au *Tong Doc*, qui donnait son assentiment en datant les
trois expéditions et faisant apposer son sceau sur deux d'entre elles seulement. La troisième, qui était envoyée avec les deux autres au ministère, devait revenir avec l'approbation et le sceau du ministre compétent.

Dans les bureaux, l'original d'une dépêche s'appelle *Bon Thao* (original en herbe, en écriture cursive) ; il est conservé et cousu en cahier, à
sa date, à la suite des originaux précédents. Les expéditions, *Viet Tinh*
(écrites au net), sont désignées par des noms différents : la première s'appelle *Chanh*, la seconde *Pho*, la troisième, qui ne reçoit pas les sceaux du
Tong Doc et doit porter l'approbation du pouvoir central, s'appelle *Cung
Luc*.

chie, et cela est équitable puisque le nombre des affaires qui lui sont confiées est d'autant moins considérable.

Le chef de service administratif a le contrôle des magasins dans ses attributions. Le chef des magasiniers doit présenter tous les jours sa caisse et ses livres, avec le détail des entrées et des sorties, à la vérification du bureau des finances.

Le Quan Bo est secondé dans sa tâche administrative par les préfets (*Phu*) et les sous-préfets (*Huyên*); ceux-ci reçoivent ou provoquent ses ordres, pour tout ce qui peut intéresser le territoire confié à leur surveillance particulière.

Ainsi, dans la province, toutes les affaires relatives à l'administration du personnel, à l'établissement et à la rentrée des impôts, à l'observation des rites, à l'instruction publique, aux recettes et aux dépenses faites par le magasin provincial, au recrutement, à l'armement, à l'habillement, à la nourriture et à la solde des troupes, à l'entretien ou à la construction des routes, ponts, canaux, édifices, dépendent du chef du service administratif *Bo Chanh*.

L'An Shat, en langue vulgaire : *Quan An,* est chef du service judiciaire de la province sous la haute direction du gouverneur, dont il n'est, à proprement parler, que le lieutenant criminel. Il est mandarin de la deuxième classe du quatrième degré; il a droit, par faveur exceptionnelle, au titre d'Éminence, *Ong Lo'n.*

Ce lieutenant criminel, chef du service judiciaire, a sous son autorité les tribunaux des préfets (*Phu*) et des sous-préfets (*Huyên*). Ces derniers réunissent aux fonctions administratives les fonctions judiciaires, et constituent le premier degré de juridiction. Dans le service provincial, la justice annamite est donc toujours rendue par un juge unique, qui est tour à tour juge civil et juge criminel, suivant la nature de l'affaire.

Le lieutenant criminel connaît, en appel ou en révision, des affaires jugées en premier ressort par les préfets et les sous-préfets.

Les jugements emportant la peine du bâton sont soumis à la révision du lieutenant criminel, qui décide alors en dernier ressort. Les jugements emportant condamnation à une peine plus grave, après révision par le lieutenant criminel, sont rédigés au nom du gouverneur et renvoyés au ministère des peines, pour subir un dernier examen.

Tous les rapports ou jugements destinés au gouvernement central sont dressés dans les bureaux du lieutenant criminel au nom du gouverneur [1]. Les formes à observer dans la rédaction des pièces judiciaires sont l'objet des prescriptions minutieuses du législateur qui punit sévèrement l'erreur ou la négligence.

Le lieutenant criminel (*An Shat*) est quelquefois désigné sous le nom de *Ciet Fai*, et ses bureaux, dans les pièces officielles, sont qualifiés de *Niêt Ti*. Ils sont placés sous la direction d'un secrétaire général ou greffier en chef (*Thong Phun*) et d'un sous-secrétaire général ou sous-greffier en chef (*Kinh Lich*).

Dans un assez grand nombre de provinces, où le travail est peu important, le lieutenant criminel n'est assisté que d'un sous-secrétaire général ; en ce cas, le chef du service administratif n'est assisté à son tour que d'un secrétaire général. Cet usage a surtout prévalu depuis le règne de Tu' Du'c.

---

1. Comme chez le *Quan Bô*, la pièce originale est rédigée dans le bureau du *Quan An*, au nom du gouverneur, *Tông Dôc* ou *Tuân Phu*, et soumise à son approbation dès qu'il s'agit d'une affaire de la compétence du ministère central. L'original est ensuite copié en triple expédition ; deux expéditions portent l'approbation et le sceau du gouverneur ; la troisième, destinée à recevoir la réponse et le sceau du ministre, est laissée en blanc.

Dans les six provinces conquises par la France, Gia dinh et An Giang avaient seules des secrétaires généraux et sous-secrétaires généraux au complet dans les deux services. Ce détail d'organisation varie d'ailleurs avec l'importance des provinces ou les convenances particulières du chef d'administration.

Auprès du lieutenant criminel, chef du service judiciaire, il n'y a qu'un bureau, celui des peines, *Phong Hinh*, correspondant au seul ministère que représente ce fonctionnaire. Ce bureau est sous les ordres immédiats d'un *Hap*, lettré du huitième degré. Il se compose généralement de deux lettrés du neuvième degré (*Thô Cai*), et de surnuméraires en nombre suffisant. Le nombre de ces employés varie d'ailleurs suivant l'importance de la province.

Le service des courriers est placé sous la direction du chef du service judiciaire, et ressort, à Hué, d'un directeur général, chef de service spécial, indépendant des divers ministères. Ce service de courriers est uniquement affecté aux besoins de l'État ; la poste n'existe pas pour les particuliers.

Les courriers sont fournis par la population des communes où existent les relais ; en compensation d'une aussi lourde charge, ces communes sont dispensées de fournir un contingent militaire.

Chaque relais (*Tram*) a deux chefs : un *Dzich Thu'a* et un *Dzich Muc ;* ces fonctions sont dévolues aux courriers les plus capables. Le premier est mandarin de la deuxième classe du septième degré, le second est simple employé de la première classe du huitième degré. Sous ces deux chefs sont ordinairement placés une soixantaine de courriers, dont le nombre varie avec l'importance du relais. Par analogie avec ce qui est pratiqué dans l'armée, le service des courriers a lieu par bans, alternant tous les mois ; pendant qu'ils sont en activité, l'État leur accorde une ration de vivres et une légère solde.

Le chef du service judiciaire doit fournir annuellement à la direction des postes un état des dépêches qui ont passé par les relais de la province ; on récompense ceux des Tram qui ont fait leur service avec le plus de célérité.

Le commandement militaire appartient, dans chaque province, à un commandant supérieur du titre de *Lanh Binh*, éminence de première classe du troisième degré, assisté d'un lieutenant(*Pho Lanh (Binh)*, éminence de la deuxième classe du même degré. Le commandant supérieur et son lieutenant sont choisis parmi les commandants et lieutenants-commandants (*Chanh Vè* et *Pho Vè*) des régiments de l'armée royale des *Vê*.

Par exception, dans quelques provinces, que leur situation stratégique recommande particulièrement à l'attention du gouvernement central, on place à la tête de la hiérarchie militaire un général de brigade (*Dè Dôc*), assisté de son lieutenant (*Pho Dè Dôc*). Il y en avait un autrefois à Saigon, et un autre à Châu Dôc. C'étaient de hauts personnages militaires, du même rang que les gouverneurs généraux, bien que placés sous leurs ordres par la nature de leurs fonctions.

Chaque province fournit un nombre variable de régiments de milice provinciale, appelés *Co'* ; ce nombre est proportionné au chiffre de la population. Ces régiments ont à leur tête un commandant (*Chanh Quan Co'* ; assisté d'un commandant en second (*Pho Quan Co'*). L'organisation des régiments provinciaux est complètement analogue à celle de l'armée royale des *Vê*.

Il n'y a, croyons-nous, aucune différence sérieuse entre les soldats des régiments employés à la garde de la capitale (*Linh Vè*) et ceux des régiments provinciaux (*Linh Co'*). Les

uns et les autres sont astreints au service militaire pendant
dix ans; ils servent par bans et sont organisés absolument
de la même manière.

Les uns ont la garde de la capitale, les autres ont le service
des provinces dans lesquelles ils sont recrutés. Les officiers
des *Vê* sont cependant, à grade égal, d'un rang supérieur à
ceux des *Co'* dans la hiérarchie du mandarinat. Recrutés dans
la Cochinchine, du Binh Dinh au Nghê An, ils inspirent peut-
être plus de confiance à la dynastie régnante.

Les Nguyên sont en effet originaires de la Cochinchine
proprement dite. Or, malgré l'unification de la race, du nord
au sud de l'empire, les Annamites du Tonquin souffrent im-
patiemment la suprématie des Annamites du Centre, et la
royauté des Nguyên au détriment de la race des Lê. Il est
donc naturel que les Nguyên confient la garde de la capitale
aux régiments de la Cochinchine centrale.

L'administration des régiments (recrutement. solde, équipement, vivres) s'opère sur pièces dressées par les chefs des
compagnies (*Dôi*), aidés de leurs secrétaires militaires (*Tho'
Lai*). Ces pièces sont rectifiées par les (*Tri Bô*), mandarins du
septième degré dans les régiments royaux, employés du
huitième degré dans les régiments provinciaux. Ces pièces,
établies au nom du commandant et signées de son sceau, sont
transmises au bureau militaire du chef de service administratif de la province, lequel doit fournir les hommes, les vivres, la solde ou les équipements demandés [1].

1. Voici un exemple d'administration militaire, dans le cas de la dispa-
rition d'un soldat, par exemple. — Aussitôt la désertion connue, le *Tho
Lai*, secrétaire militaire du chef de la compagnie dont le soldat a disparu, écrit une dépêche au Quan Bô, pour signaler le fait et demander
un remplaçant. La dépêche, établie au nom du Quan Co', révisée par
l'officier militaire (*Tri Bô ou Dièn Ti*), visée par le Lanh Bhin, est expédiée au Quan Bô. Chez ce dernier fonctionnaire, le bureau des trou-

Chaque chef-lieu de province fournit une milice spéciale, recrutée dans l'agglomération des villages qui forment la ville, et comprenant une ou plusieurs compagnies, suivant l'importance du chef-lieu. Les soldats de la milice, appelés gardes urbains (*Linh Tuần Thanh*), sont chargés de la police, sous les ordres du commandant de place (*Thonh Thu Huy¹*), auquel est confiée la garde des clefs de la citadelle.

Chaque province entretient également deux compagnies d'artilleurs (*Phao Thu*), placées aussi sous le commandement du même officier.

La désertion, dans l'armée annamite, est très fréquente. Lorsqu'elle ne dépasse pas un mois, elle n'est point sévèrement punie ; la perte de la ration, pendant la durée de l'absence, et quelques coups de bâton, mettent le soldat en règle avec les exigences de la discipline. Au delà d'un mois, tout soldat, ramené de force dans son village, est déféré au chef de la justice et jugé conformément à la loi, le même tribunal connaissant, avons-nous dit, des délits civils et militaires.

Les peines disciplinaires en usage dans l'armée annamite sont principalement le rotin et le bâton. L'usage des châtiments corporels n'emporte, d'ailleurs, chez cette race, aucune idée dégradante. Les sous-officiers ont le droit d'infliger jusqu'à dix coups de rotin ; les chefs de compagnie, jusqu'à trente ; la cangue, et le rotin, jusqu'à cinquante coups, peuvent être infligés par le commandant du régiment, sur le rapport du chef de la compagnie.

pes reçoit la dépêche et signale l'absence du déserteur à la commune de son domicile, laquelle est obligée de tenir son contingent militaire toujours au complet. Si la commune ne peut retrouver le déserteur, elle amène un remplaçant au Quan Bô, qui le fait conduire à son régiment.

1. L'expression *Huy* est une particule honorifique qui s'ajoute à tous les titres militaires d'officiers généraux et supérieurs de l'armée royale des *Vê*. C'est à des officiers de ce corps qu'est confiée la garde des citadelles.

A côté des soldats provinciaux, on trouve encore les satellites des préfets et des sous-préfets. Ces satellites (*Linh Lé*)
sont fournis à ces fonctionnaires par les communes où se
trouve établie leur résidence. En compensation, ces mêmes
communes ne fournissent pas de soldats aux régiments. Les
satellites ne sont pas à proprement parler, des militaires,
puisqu'ils ne sont pas placés sous le commandement des
chefs de régiments provinciaux. Les hommes préposés à ce
service jouissent de diverses immunités d'impôt et sont divisés en deux bans, se relevant tous les mois. Leur chef porte
le titre de *Lê Muc*; il est employé militaire de la deuxième
classe du neuvième rang.

En temps ordinaire, les grands mandarins provinciaux se
réunissent en conseil, à jour fixe, sous la présidence du gouverneur. Ces réunions, très connues du peuple, sont appelées
Hôi Ham (assemblée de dignitaires). La date en varie d'une
province à l'autre, au gré du gouverneur. Les préfets et
sous-préfets y assistent.

Le peuple peut profiter de ces réunions pour présenter au
gouverneur toute sorte de réclamations, même celles qui seraient dirigées contre les grands mandarins présents. D'ordinaire, ces réclamations, lorsqu'elles n'exigent pas une
étude préalable, sont examinées séance tenante. Généralement, les affaires connexes aux divers services de la province sont traitées dans ces réunions en présence du gouverneur, et résolues par lui.

CHAPITRE V

Nous l'avons déjà dit, la province annamite (*Tinh*) est partagée en plusieurs départements (*Phu*) qui se subdivisent eux-mêmes en arrondissements (*Huyên*).

A l'origine, le département comprenait plusieurs arrondissements. Dans la suite, on augmenta le nombre des départements et l'on réduisit celui des arrondissements ; aujourd'hui, la plupart des départements ne contiennent que deux arrondissements.

Les administrateurs de département (*Tri Phu*), vulgairement appelés *Quan Phu*, sont mandarins de deuxième classe du cinquième degré ; les administrateurs d'arrondissements (*Tri Huyên*), nommés en langue vulgaire *Quan Huyên*, sont mandarins de deuxième classe du sixième degré. On traduit les titres de *Tri Phu*, *Tri Huyên*, par ceux de préfet, sous-préfet, mais il faut entendre ces expressions dans un sens beaucoup plus large qu'en français, parce que ces fonctionnaires sont à la fois magistrats de l'ordre administratif et de l'ordre judiciaire.

Les préfets et sous-préfets sont choisis, en général, parmi les professeurs et lettrés ayant le titre de licencié ou de bachelier ; ils sont rarement recrutés dans le personnel des bureaux, dépourvus, sauf de très rares exceptions, des grades universitaires.

Les préfets se recrutent, surtout, parmi les sous-préfets et

les directeurs d'études de département ou d'arrondissement ;
ces derniers fournissent les sous-préfets.

Les préfets ou sous-préfets, qu'une capacité hors ligne ou
d'autres motifs moins plausibles font distinguer, sont appelés
en arrivant à l'âge mûr, vers quarante ans environ, à des fonctions supérieures. Les autres, en grande majorité, restent
très longtemps, et même souvent toute leur vie, administrateurs du même territoire. En tous cas, ils ne sortent guère de
la région dont la géographie et les mœurs leur sont fami-
lières. Le gouvernement conservait le plus possible dans le
même pays ces représentants inférieurs de l'administration,
vivant en contact immédiat avec les populations, afin qu'ils
pussent prendre de l'influence sur elles.

Le rôle des préfets, à l'égard des sous-préfets, n'est pas
sans analogie avec celui des gouverneurs généraux à l'égard
des gouverneurs particuliers. Le préfet administre lui-même,
directement, l'arrondissement central dans lequel il réside :
il surveille les intérêts généraux des autres arrondissements
de son département. Dans chacun de ces derniers, le sous-
préfet correspond directement avec les chefs d'administration
provinciale, et règle, sans en référer au préfet, tous les détails de l'administration courante de son arrondissement, dont
il rend compte directement aussi aux chefs de service provinciaux compétents [1]. Les jugements rendus par les sous-préfets sont seuls admis à l'approbation du préfet. En ce qui concerne la justice, le sous-préfet joue donc, à l'égard du pré-

1. Tous les ordres de l'administration provinciale relatifs, par exemple
aux cantons, ou aux communes, sont adressés au préfet, s'il s'agit de
l'ensemble du territoire départemental ou de l'arrondissement directement administré par lui. Ces mêmes ordres sont, au contraire, adressés
au sous-préfet compétent, s'il s'agit seulement des cantons ou communes de son district. La rigueur des transmissions hiérarchiques est ainsi
très heureusement modifiée par les Annamites, dans tout ce qui peut
entraver la prompte expédition des affaires administratives.

fet, dont il est le délégué, un rôle analogue à celui du lieutenant criminel de la province (*Quan An*) à l'égard du gouverneur(*Tông Dôc*ou *Tuân Phu*).Celte règle, nuisible d'ailleurs à la prompte expédition de la justice, n'est pas, croyons nous, partout observée.

Dans toutes les questions intéressant la généralité du département, ou tout au moins plusieurs arrondissements, les sous-préfets reçoivent les ordres du préfet, provoquent ses décisions, ou demandent son concours.

En résumé, les préfets et sous-préfets sont les agents du chef de l'administration provinciale (*Quan Bô*), et du lieutenant criminel (*Quan An*). Donc administrer, c'est-à-dire provoquer ou transmettre les nominations et mutations du personnel, surveiller et noter sa conduite, presser la rentrée de l'impôt, vérifier les dégrèvements, cadastrer les terres nouvellement défrichées, encourager l'instruction publique, vaquer aux cérémonies rituelles, concourir au recrutement des troupes, veiller à l'entretien des routes et des canaux, faire régner, en un mot, la sécurité matérielle et la justice, tel est le rôle important des préfets et des sous-préfets.

Les bureaux des préfets ou sous-préfets sont sous la direction d'un chef du titre de *Dê Lai*, employé du huitième degré, lequel est assisté de lettrés du titre de *Thong Lai* (employé du huitième degré) et de surnuméraires. Le nombre des employés varie d'ailleurs avec les besoins du service.

Si le rôle que jouent les préfets et sous-préfets dans leur territoire, comme représentants de l'administration centrale, a une grande importance, celui qu'ils remplissent comme juges est plus important encore.

Ils constituent en effet le premier degré de l'échelle dans l'organisation judiciaire. Les affaires de toute nature, administratives, civiles ou criminelles, sont présentées d'abord à leur tribunal.

Voici d'ailleurs les lignes principales de l'organisation judiciaire annamite :

Les affaires civiles doivent être premièrement jugées en
conciliation par les chefs de famille, les notables des municipes ou les chefs de canton. Il en est de même pour les délits
sans importance.

Toute affaire civile, dans laquelle les parties n'ont pas voulu
déférer à la sentence des juges précités, est portée devant les
tribunaux de l'État du premier degré, c'est-à-dire devant les
préfets ou sous-préfets. En matière immobilière, la situation
de l'immeuble régit la compétence ; en matière mobilière,
le demandeur suit le tribunal de la résidence du défendeur.
Portée devant ces tribunaux, l'affaire est jugée en conciliation par le préfet ou le sous-préfet compétent, qui se contente
de dire le droit. Mais si, ayant entendu le droit, l'une des parties refuse de s'y soumettre, l'action civile se transforme en
action criminelle.

Dans les idées des Annamites, en effet, par cela seul que
l'une des parties n'acquiesce pas à la sentence du juge rendue
en conciliation suivant la coutume, elle soutient implicitement que la partie adverse a commis envers elle un délit,
dont la nature varie suivant celle des droits attachés à cet
objet. Elle l'accuse donc d'avoir porté atteinte au droit qu'elle
revendique. Or, l'atteinte au droit d'autrui, de quelque nature
qu'elle soit, est une injustice, et comme toute injustice mérite
d'être punie, elle poursuit devant le juge la punition de cette
injustice et la réparation de ses conséquences.

Ainsi toute affaire civile, pour le législateur annamite, contient en germe une accusation au criminel. Si l'on soutient
cette accusation, il faut la prouver, sous peine d'être puni
pour plainte mal fondée, calomnie ou tout autre cause prévue
par le Code.

En fait, l'affaire en conciliation est présentée par l'une des parties, devant le tribunal du préfet ou du sous-préfet, sous forme de supplique écrite, exposant les faits, priant l'autorité d'examiner l'affaire et de faire droit à l'opprimé.

Le préfet ou sous-préfet, après avoir fixé l'audience, y avoir entendu les parties et examiné en leur présence les moyens de preuve de chacune d'elles, écrit le droit sur la plainte qui lui est présentée. Si l'une des parties ne se soumet pas à la sentence, l'affaire se transforme en affaire criminelle et entraîne, après une instruction conforme aux prescriptions du code, la condamnation de l'un des deux adversaires et la réparation de l'injustice commise.

Si Trf, par exemple, réclame contre le partage de biens fait par le chef de famille après la mort de ses parents, le préfet compétent examine rapidement l'affaire et conseille à Trf de se contenter de ce qu'il a reçu, ou bien augmente sa part. Mais si Trf mécontent persiste, il affirme implicitement, par cela seul, qu'une partie de ce qui lui revenait lui a été pris : le préfet doit alors instruire et poursuivre la requête. Si réellement Trf avait droit à une part plus forte, elle devra lui être accordée par le juge, et le chef de la famille sera puni de quatre-vingts coups de bâton pour avoir mal fait le partage, à moins qu'il n'ait commis l'erreur de bonne foi. Au contraire, si Trf a bien reçu la part qui lui revenait, il sera, pour avoir porté une accusation contre un parent plus âgé, puni des peines édictées par la loi.

Cette manière singulière de ne voir dans le droit civil qu'un corollaire du droit pénal est une conséquence de la haine séculaire du législateur chinois pour les gens de chicane. Aussi pas d'avocat, et, par contre, point de ministère public dans les tribunaux annamites ; seuls les enfants, les femmes et ceux qui sont empêchés par des motifs légitimes peuvent se faire représenter en justice par un mandataire de leur famille. En principe, chacun doit exposer sa propre affaire, dire la simple vérité. C'est ensuite au juge qu'incombe le devoir de vérifier les faits, de dégager la vérité de droit qui en résulte et de rendre la sentence en conséquence. On doit éviter avec soin d'engager des procès à la légère, si l'on ne veut s'exposer à un châtiment certain.

La justice étant d'ailleurs gratuite, c'est la crainte de la peine qui seule empêche les instances de se multiplier. Il n'existe donc, à proprement parler, que des tribunaux correctionnels ou criminels chez les Annamites, puisque sur deux plaideurs il y a presque toujours un coupable. Les peines appliquées aux délits d'origine civile sont relativement légères.

Les Annamites n'ont pas de code civil : le droit civil se base sur la coutume orale, dont les principes écrits sont dans le code pénal, ou dans les livres canoniques (*Kinh*). La loi pénale, très volumineuse, ne laisse rien ou presque rien à l'appréciation du juge, qui, une fois les faits établis, n'a qu'à les adapter à la classification des actes punissables édictée par le législateur, et à prononcer l'application de la peine telle qu'elle est prescrite, sans avoir jamais à choisir entre un maximum et un minimum, sans pouvoir recourir au bénéfice des circonstances atténuantes. Si le juge se trompe dans l'accusation, l'incrimination, et par suite dans la classification du délit et de la condamnation, il peut être puni.

Les dossiers de chaque affaire doivent être établis avec le plus grand soin et les règles de l'instruction criminelle doivent être également suivies avec la plus scrupuleuse exactitude, faute de quoi le juge et les greffiers encourent les rigueurs de la loi, sans pouvoir espérer que leur ou-

bli des formes échappera aux juges des juridictions supérieures.

Nous venons de voir qu'en justice annamite, dire le droit
en matière civile aux parties entraîne l'application du
droit criminel. Aussi l'étude de l'organisation judiciaire de
ce peuple se borne-t-elle à celle de ses juridictions criminelles.

Les affaires entraînant condamnation à la peine du bâton
ou à des peines plus graves sont jugées, en premier ressort
seulement, par les préfets et les sous-préfets dont les tribunaux constituent le premier degré de juridiction. Ces mêmes
affaires sont jugées en appel ou révision, en premier ou
dernier ressort, par le lieutenant criminel, selon que la condamnation dépasse ou ne dépasse pas la peine du bâton. Le
tribunal du lieutenant criminel est le deuxième degré de
juridiction.

Les affaires emportant condamnation aux peines du « travail pénible, » à l'exil et à la peine de mort sont révisées, en
premier ressort seulement, par le lieutenant criminel. Rédigés dans les bureaux, mais établis au nom du gouverneur de
la province, les jugements sont envoyés au ministère pour
être soumis à une dernière révision, avant d'être présentés
à la sanction suprême du Roi. C'est le troisième degré de
juridiction.

Le ministère révise les jugements portant condamnation à
l'exil et au travail pénible ; il rend compte directement au
Roi de son examen. Ces mêmes jugements peuvent être renvoyés à l'examen du tribunal des Trois Règles, par ordre du
tribunal de l'appel au Roi (*Dai Ly Thi*) si les condamnés ou
leur famille ont porté leur plainte à ce tribunal en temps utile.

Toutes les affaires emportant condamnation à la peine
capitale doivent être soumises en dernier ressort au Roi. En

conséquence, après avoir été soigneusement mis en ordre par le ministère des peines, les dossiers criminels sont présentés au tribunal des Trois Règles, autant que possible, aux assises d'automne. Ce tribunal, qui agit pour le Roi, étudie les dossiers, fait comparaître telles gens qu'il est utile, formule une décision soumise à la sanction royale, transmet la décision souveraine, avec le dossier, au ministère des peines. Ce même tribunal étudie toutes les questions relatives aux prolongations de sursis, commutations, grâces et amnisties.

Avant qu'une sentence de mort reçoive exécution, elle est présentée à trois reprises au Roi par un censeur. Si, après la troisième lecture, le souverain refuse de faire grâce, la condamnation suit son cours.

Pour donner une idée précise de la manière dont s'exerce l'administration de la justice, nous analyserons ici un jugement rendu sous le règne de Thiêu Tri, en 1844.

Ce document, sous forme de rapport au Roi, rédigé par les bureaux du lieutenant criminel, au nom du gouverneur général de la province de Vinh Long, expose toutes les phases de l'affaire devant les divers degrés de juridiction.

« Le 27 du second mois de la quatrième année de Thiêu Tri, une ronde de village s'empara de quatre malfaiteurs, pendant la cinquième veille [1].

1. La nuit se partage en cinq veilles, de deux heures chacune; la cinquième veille s'étend de trois à cinq heures du matin. Les communes annamites sont du reste absolument responsables de la police de leur territoire. Pendant toute la nuit, sous la conduite des notables, officiers municipaux d'ordre inférieur, une garde veille dans les villages. De fréquentes rondes sur terre et dans les arroyos sont faites à tour de rôle par les habitants. Le corps de garde est habituellement établi dans la pagode (Dinh) de l'esprit protecteur du village. Les hommes font sentinelle chacun à leur tour, auprès d'une espèce de tambour, le Mô, sur lequel ils frappent à intervalles réguliers les heures de la nuit. Que de fois, pendant ces belles nuits des tropiques, avons nous entendu ces longues et symboliques vibrations du Mô, répétant : L'heure s'écoule, reposez en paix. Mais si quelque

« On trouva dans leur pirogue les mèches soufrées, les cou-
teaux recourbés et autres menus ustensiles dont se servent
les voleurs en ce pays. Interrogés par les notables, ils avouè-
rent avoir commis une tentative de vol dans la maison du
maire d'un village voisin, et l'on reconnut, parmi eux, un
homme signalé depuis quatre ans comme ayant pris part à un
acte de brigandage. Le lendemain, le maire du village, porteur des pièces de conviction, vint livrer les malfaiteurs pri-
sonniers au sous-préfet de l'arrondissement. »

Tel est, d'après le texte du jugement, le rapport fait par ce
maire, en présence des accusés, à l'ouverture de l'audience
du sous-préfet, rapport rédigé par le lieutenant criminel, au
nom du gouverneur de la province de Vinh Long.

Vient ensuite l'interrogatoire du prévenu : Tri avoue sa
participation à un acte de brigandage commis, en 1840, avec
deux de ses camarades, recrutés par lui. Il relate toutes les
circonstances du crime, le nom du chef de la bande et des
huit qui la composaient, le partage du butin et la part attri-
buée à chacun d'eux. Passant à la tentative de vol, à la suite
de laquelle il vient d'être arrêté, il raconte comment, fuyant
depuis quatre ans les recherches de la justice, il s'est présenté, sous un faux nom, à Cam, notable de la commune de
Vinh Lo'i [1], lequel l'a présenté au maire Diêu, et l'a fait auto-

événement inattendu vient troubler la sécurité publique, le Mô, battu à
coups redoublés, donne le signal de l'alarme et réveille les populations à
la ronde. Les hommes de garde se précipitent au dehors, armés de lances ou de bambous pointus, les notables courent à la maison de veille
pour diriger l'action, tandis que les villageois, ardents à leur prêter main-
forte, viennent de toutes parts se ranger autour d'eux. Cependant les
jeunes mères et les enfants se tiennent tremblants de peur au fond de
leur chaumière, tandis que les vieilles femmes, plus avisées, mettent en
sûreté, dans quelque cachette adroitement dissimulée, leurs objets les
plus précieux.

1. Vinh Lo'i signifie *gain perpétuel*; les Annamites aiment à donner
des noms de bon augure à leurs villages.

riser, par ce dernier, à s'établir dans le village. Il relate ensuite sa liaison avec le notable Hiên, lequel l'a décidé à se
joindre à lui pour aller commettre un vol. Il avoue avoir recruté les complices Bat et Quan, donne les détails les plus minutieux sur toutes les circonstances qui ont précédé et suivi
la tentative de vol, et déclare ne savoir ce que sont devenus
trois autres de ses anciens complices, fuyant comme lui, depuis quatre ans, les recherches de la justice.

Telle est l'analyse de l'extrait des interrogatoires de Tri, à
l'audience du sous-préfet, donné par le jugement-rapport rédigé chez le lieutenant criminel.

Il faut se représenter Tri, dans le prétoire du sous-préfet, les
pieds et les mains liés, étendu à demi nu sur le sol. Ses poignets sont attachés à un piquet, solidement planté, qui les
tient fixés en avant de la tête, tandis qu'un deuxième piquet,
planté entre ses jambes, au-dessus des chevilles, rend tout
mouvement impossible. Un satellite, une verge à la main,
est prêt, sur un signe du juge, à cingler les reins de Tri, chaque fois qu'il s'attarde dans son récit ou semble s'écarter de
la vérité [1]. Tandis qu'il raconte ainsi les incidents de sa vie

1. La question, comme moyen d'inquisition judiciaire, est en usage
chez les Chinois et les Annamites; mais ces derniers ne connaissent d'autre procédé de question que la verge, en rotin très mince. Quelques coups
de cet instrument sont appliqués, si besoin est, au patient sur un signe
du juge. La question est donc loin de mériter, aux yeux des Annamites
le reproche de cruauté et de barbarie qu'on lui adressait justement chez
nous, avant la Révolution. En outre, le caractère très froid de la race, fait
que les juges de cette nation usent du moyen barbare que nous venons de
signaler, avec une modération extraordinaire et une habileté consommée.

Dans les premiers temps de la conquête de la Basse-Cochinchine, les
juges français des affaires indigènes se servirent du même procédé d'instruction ; mais le caractère impatient et irritable des gens de notre race,
sans parler de la répugnance que la question nous inspire, rendit, entre
nos mains, un pareil moyen inutilement cruel: force fut d'y renoncer.
Plus tard même, un arrêté du gouverneur supprima complètement les

criminelle, des lettrés suivent son interrogatoire le pinceau à la main, notant ses moindres paroles.

Le texte que nous venons d'analyser donne aussi un extrait des autres interrogatoires et résume les dire de Hiền, ce notable qui a suggéré à Tri l'idée du vol ; de Quan et de Bat, ces deux complices recrutés par Tri. Viennent ensuite les réponses des diverses personnes interrogées devant le magistrat du premier degré de juridiction. L'extrait de chaque déclaration se termine par une formule qui est, pour les scribes, un incessant rappel à l'exactitude : « Telles ont été les paroles de la personne interrogée. »

Cam a logé Tri, sous le nom de Do, mais il avait demandé la permission au maire Diêu. Du reste, il était absent pour le service des corvées [1], à l'époque de la tentative de vol.

Le maire Diêu avoue avoir autorisé Tri à demeurer dans son village. Il n'a pas porté Tri sur le rôle du personnel, parce que celui-ci n'avait ni biens ni maisons.

Ai, maire du village dont Quan et Bat sont originaires, comparaît à son tour et déclare n'avoir jamais eu à se plaindre de la conduite des deux prévenus ; il ne les a pas inscrits au rôle du personnel parce qu'ils n'avaient ni terre ni maisons.

Les interrogatoires et dépositions, faits à l'audience du sous-préfet, sont suivis de la sentence de ce fonctionnaire. Elle est précédée de l'extrait d'un jugement de la 21e année de Minh Mang (1840), d'où il appert que cinq sur huit des compagnons de Tri ont été saisis et condamnés : la sentence

châtiments corporels. Il eût été bon de s'en tenir à l'abolition de la question ; le châtiment corporel, appliqué aux fautes légères, étant parfaitement en harmonie avec les mœurs et usages du pays.

1. Les Annamites font la plupart des travaux publics par corvées, système analogue à celui des prestations en nature, en usage en France pour la réparation des chemins vicinaux.

renvoie « après capture » le jugement de Tri et de ceux de ses complices, qui ont échappé aux recherches de la justice [1]. Et il a plu au roi de confirmer cette sentence.

Résumant ensuite les charges qui pèsent sur Tri, le sous-préfet vise la loi sur le vol à force ouverte, le plus grave des deux crimes reprochés à Tri, et, rendant un jugement conforme, le condamne à la peine de mort. Visant ensuite la loi sur le vol furtif, il augmente la peine de Hiên d'un degré, comme principal coupable, puisqu'il a inspiré le crime, et le condamne, pour tentative de vol furtif, à soixante coups de bâton. Quan et Bat, complices qui ont pris part à la tentative sont condamnés à cinquante coups ; les trois coupables, à l'expiration de leur peine, seront renvoyés dans leur commune et placés sous la surveilllance des autorités municipales.

Le notable Cam, pour avoir reçu Tri sans le connaître et l'avoir présenté au maire Diêu, et ce dernier, pour l'avoir autorisé à s'établir dans son village sans bien connaître ses antécédents, sont condamnés tous deux à quatre-vingts coups de bâton.

Le maire Diêu est acquitté du délit de non-inscription de Quan et de Bat : il y a excuse légale, vu leur indigence.

Quant aux complices de Tri, qui depuis le vol à force ouverte de 1840 ont échappé aux poursuites de la justice, la sentence renvoie « après capture » pour les juger.

Le préfet demande l'approbation de cette sentence.

En révision, le lieutenant criminel, ne relevant aucun fait nouveau, soit parce que les condamnés n'ont rien révélé de plus qu'aux premiers interrogatoires, soit parce qu'ils n'ont fait valoir aucun motif d'appel, fait suivre immédiatement la sentence du sous-préfet et la mention de l'approbation du préfet du jugement dont voici le texte :

1. La condamnation par contumace n'existe pas en droit annamite.

« Attendu qu'une première fois, en 1810, Tri a entraîné des
« complices à suivre avec lui le principal coupable de brigan-
« dage et à prendre part à son crime ;

« Attendu qu'une seconde fois, en 1811, il s'est associé deux
« complices pour participer avec lui à la tentative de vol fur-
« tif, après laquelle ils ont été capturés ; tous faits que Tri
« n'a pas niés ;

« Considérant qu'il est juste d'appliquer une punition sévère
« à un pareil crime ;

« Par ces motifs, le lieutenant criminel demande qu'en ap-
« plication de la loi sur le vol à force ouverte Tri soit décapité.

« Attendu que Hiên, notable de la commune, dont le devoir
« est de rechercher les coupables, a, de concert avec Tri, pré-
« paré les instruments du vol, réuni la bande, pris part à la
« tentative ;

« Considérant que se borner à accuser Hiên d'être le prin-
« cipal coupable d'une tentative de vol furtif, n'est pas qua-
« lifier suffisamment sa faute ;

« Par ces motifs, le lieutenant criminel juge qu'il faut,
« d'après l'incrimination plus grave appliquée aux notables
« Cam et Diêu, mais augmentée de deux degrés, condamner
« Hiên à cent coups de bâton. Quant aux autres coupables,
« qu'il soit fait suivant ce que le *Quan Huyên* (sous-préfet) a
« jugé. »

« Le gouverneur général de Vinh Tu'o'ng, examinant la
« décision dont tous les éléments ont été précédemment ré-
« sumés, demande l'application de ce que le *An Shat* a jugé,
« parce que sa décision est conforme au droit. Se prosternant
« aux pieds de Sa Majesté, il présente avec un profond res-
« pect à l'examen de sa sainte intelligence ce jugement, pour
« qu'elle lui donne sa sanction souveraine [1]. »

1. Le gouverneur général énumère ensuite les délais occasionnés par la

« En la quatrième année de Thiêu Tri, le vingt-quatrième
« jour du cinquième mois, il a plu au roi de décider :

« Tri, coupable de vol à force ouverte commis en bande et
« suivi de pillage, a fui les recherches de la justice et en-
« traîné deux complices à aller commettre une tentative de vol
« furtif ; mais, arrêté, il a avoué clairement et exactement
« ses crimes et a été justement condamné à la décapitation
« selon le droit.

« Considérant que, la première fois, il a été simplement
« complice d'un acte de brigandage, à la suite duquel sa
« part du butin a été fort minime, et que cet acte de brigan-
« dage n'a été accompagné ni de meurtre, ni de blessure des
« victimes ;

« Considérant que, la deuxième fois, il n'y a eu que simple
« tentative de vol furtif ;

« Sa Majesté juge qu'il y a lieu de mettre ce coupable à
« l'épreuve, et, étendant sur lui sa miséricorde, elle le con-
« damne à la décapitation avec sursis[1] ;

« Quant aux autres coupables, qu'il soit fait comme l'or-
« donne le jugement.

procédure criminelle devant les diverses juridictions ; dix jours devant
le sous-préfet, onze jours devant le préfet, huit jours devant le lieutenant criminel. Le préfet a dû s'assurer que le jugement du sous-préfet
était rédigé conformément aux lois, avant de l'approuver et de le transmettre au lieutenant criminel.

Le jugement-rapport est signé par le gouverneur et les lettrés qui ont
concouru à sa rédaction.

Ces sortes de jugements sont dressés en trois expéditions, dont deux
portent le sceau du gouverneur et restent aux archives de la capitale ; la
troisième expédition seule est renvoyée par le ministère avec la sentence
définitive, et revêtue des sceaux du ministre. Les dossiers des *Phu* ou des
Huyên sont conservés, l'original dans leur tribunal respectif et l'autre expédition aux archives provinciales.

1. Le condamné avec sursis reste sous le coup de la sentence capitale ;
mais, s'il donne des preuves de repentir et s'il s'amende, sa peine peut
être commuée.

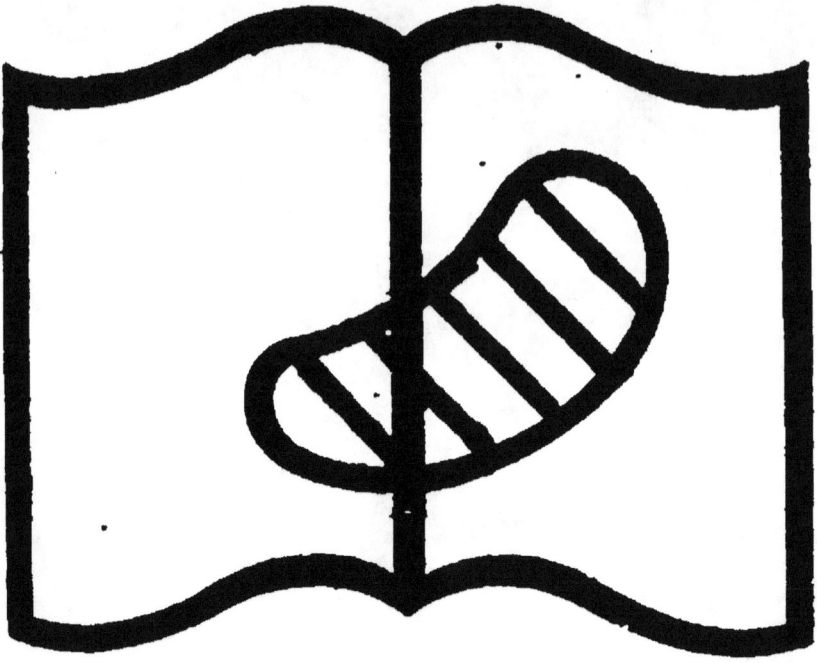

Illisibilité partielle

VALABLE POUR TOUT OU PARTIE DU
DOCUMENT REPRODUIT

« Respectez ceci[1]. »

Telle est la teneur de la sentence royale, contre-signée par les membres du ministère.

Le texte de ce jugement-rapport, qu'il eût été trop long de reproduire en entier, fait complètement revivre, pour le lecteur, le crime et la tentative de crime, avec leurs circonstances caractéristiques, les faits reprochés au principal coupable et à ses complices, ainsi que la pluralité et la connexité des délits. Il fait assister à l'audience du sous-préfet, aux interrogatoires clairs et précis des accusés, à la constatation des pièces de conviction, aux recherches sur le passé judiciaire des prévenus, à l'audition des témoins; enfin il donne la sentence motivée sur les faits reprochés à chaque condamné et appuyée du texte de la loi. Il fait connaître l'avis du préfet, la sentence rendue, après révision, par le lieutenant criminel et l'approbation du gouverneur de la province. Enfin, il reproduit la sentence suprême du roi, dont l'indulgence accorde un sursis à un grand coupable. La mort ou la vie de ce condamné va dépendre désormais de sa conduite en prison et du repentir qu'il témoignera. Cette bonne conduite et ce repentir pourront amener plus tard la commutation de la peine de mort en celle de l'exil perpétuel, ou en quelque peine plus douce.

Ce jugement prouve, en outre, que l'accusé comparaît devant son juge naturel; qu'interrogé à l'audience, ses réponses sont écrites, et qu'il les signe après lecture. On entend, devant lui, les témoins à charge et à décharge, qui signent leurs dépositions. La sentence lui est signifiée; il a le droit d'en faire appel. En tout cas, son jugement est toujours revisé par le lieutenant criminel qui le fait compa-

---

1. Tout ce qui précède, et qui est placé entre guillemets, a été traduit littéralement sur le texte même.

raître devant lui. Ce même jugement, soumis à l'approbation du gouverneur, s'il s'agit de l'application d'une peine
grave, est ensuite examiné de nouveau à Hué, et enfin présenté au roi, qui rend la justice en dernier ressort et prononce la sentence définitive.

En résumé, bien que l'organisation de la justice chez
les Annamites diffère beaucoup de ce qu'elle est en France,
il faut reconnaître que la loi accorde à l'accusé de très sé-
rieuses garanties. D'autre part, la manière dont le législateur annamite conçoit la justice civile, bien que barbare en
apparence, est originale et très équitable. Chez un peuple
dont l'état économique est peu avancé, ce système de justice
gratuite est évidemment très supérieur à notre procédure,
dont les interminables lenteurs et les frais énormes peuvent
dévorer les héritages avant la fin des procès engagés.

La vénalité des mandarins est pourtant devenue prover-
biale chez nous, et comme, dans l'Annam, le juge est
unique, l'on a pensé que cette situation privilégiée le rendait corruptible. La véritable cause du mal n'est pas là. Il
faut la chercher dans les traitements vraiment dérisoires
que l'Etat paye aux fonctionnaires, sans s'assurer, d'ailleurs,
s'ils ont la moindre fortune personnelle. Il faut, en outre, la
trouver dans l'absence totale de contrôle des fonctionnaires
par l'opinion publique, dans un pays où l'imprimerie existe
depuis plusieurs siècles, mais où la liberté de la presse est
soigneusement étouffée.

La faiblesse des émoluments accordés aux fonctionnaires
a deux causes. La première vient de cette idée fausse que le
lettré, disciple de Confucius, appelé aux fonctions publiques
comme le plus sage, le plus digne et le plus vertueux de
ses concitoyens, remplit un sacerdoce; qu'il doit, en conséquence, apporter dans l'exercice de ses fonctions l'esprit de

renoncement aux richesses et l'amour de la vertu et du devoir. Il a donc paru naturel aux hommes d'Etat annamites, imbus des idées de l'école de Confucius, d'oublier les besoins de l'homme, en ne payant pas le fonctionnaire. La seconde cause est l'insuffisance des revenus de l'Empire, dont le rendement est très médiocre parce que les impôts produisent peu, le peuple étant très pauvre, l'industrie nulle, l'agriculture peu avancée et le commerce insignifiant.

Chez les Annamites, un gouverneur général de province reçoit vingt-cinq francs de solde par mois et un nombre de rations suffisant à sa nourriture et à celle de sa maison. Il reçoit, en outre, de la munificence royale, son costume officiel. Au bas de l'échelle administrative, un sous-préfet touche trois francs et environ un hectolitre de riz, tous les mois, pour lui et sa famille. Ces exemples suffisent à prouver combien est insuffisante la solde des fonctionnaires.

Cette quasi-gratuité des fonctions a créé l'usage de donner des épices aux juges et des présents aux fonctionnaires.

C'est de là évidemment qu'est venue la réputation de vénalité des juges. Cependant les deux parties donnent aux juges; la balance reste donc égale entre elles. En outre, il est bien difficile au juge de prononcer contrairement au droit, car il s'expose, s'il s'écarte des prescriptions de la loi, à voir sa faute découverte par les juridictions supérieures et sévèrement punie.

En réalité, les fonctionnaires annamites, touchant une solde dérisoire, vivent fort modestement. Les cadeaux que reçoit un préfet ou un sous-préfet élèvent à peine sa solde à deux ou trois mille francs. D'ailleurs, le seul remède à un état de choses dont en principe l'immoralité n'est pas niable, serait de payer convenablement les mandarins et de leur défendre de recevoir des présents d'aucune sorte. C'est le système qu'a

suivi, non sans succés, le gouvernement français à l'égard
de ses agents indigènes en Basse-Cochinchine. Mais il faudra une grande énergie répressive pendant plusieurs générations, pour déraciner un abus implanté dans les mœurs par
les nécessités de l'existence.

CHAPITRE VI

La littérature que l'on étudie dans les écoles du royaume d'Annam est la littérature chinoise; la morale que l'on y professe est celle de Confucius, morale pure, rationnelle, nullement hostile aux doctrines religieuses, et pouvant s'accorder avec la liberté de conscience la plus absolue [1].

La philosophie de Confucius est trop connue et trop étrangère à notre sujet pour l'exposer ici ; l'enseignement du célèbre philosophe est d'ailleurs résumé au début de la *Grande Étude* : « La règle des études supérieures est de mettre en lumière le principe de la raison, de renouveler les hommes et « de placer leur destination définitive dans la perfection ».

---

[1]. En Chine, où les lettrés sont les disciples de Confucius, les Bouddhistes se comptent par centaines de millions ; la doctrine chrétienne a pénétré dans le pays dès les premiers siècles de notre ère, et l'on y rencontre aussi des Mahométans, des Juifs, des Parsis, etc.

La sereine doctrine de Confucius a été considérée à une certaine époque comme si peu contraire à l'établissement du christianisme, que le P. Intorcetta recommandait aux religieux de ne pas attaquer le philosophe chinois. Le catholicisme faisait alors des progrès rapides en Chine, grâce aux efforts des Jésuites, assez intelligents pour tolérer ce culte des ancêtres, qui exalte le sentiment de la piété filiale, donne une grande force aux liens de la famille et assure la conservation de la société ; mais le Saint-Siège, mal informé, condamna la tolérance des Jésuites et donna gain de cause aux idées des Dominicains leurs rivaux. Il faut regretter cette décision, quand on voit le peu de progrès qu'a fait le christianisme en Orient depuis cette époque.

Faire des hommes parfaits dans les relations de la vie de famille et de la vie sociale [1], tel est le but de Confucius, telle est la mission des maîtres de l'instruction publique chargés d'appliquer sa doctrine.

Sans être ni athée, ni matérialiste, la philosophie chinoise des écoles néglige les études métaphysiques sur l'âme ou sur Dieu, parce qu'elle regarde ces sujets comme au-dessus de l'entendement humain, et se contente d'établir solidement la théorie du devoir, et les caractères immuables du vrai, du bien et de l'utile.

On peut donc dire, en l'induisant de ce qui précède, que dans l'Annam l'enseignement est absolument laïque. Il est libre dans le sens le plus large du mot, et l'instruction n'est nullement obligatoire, bien que très répandue. Cette diffusion de l'instruction, chez un peuple pauvre, tient à ses habitudes sédentaires et studieuses, à une aptitude spéciale de la race et à l'habileté administrative d'un gouvernement convaincu depuis longtemps que l'instruction est un des plus sûrs moyens de conservation de l'ordre public et l'un des éléments les plus solides de la sûreté de l'État.

Pour maintenir le niveau des hautes études, le gouvernement annamite entretient dans chaque province un professeur du titre de *Dôc Hôc*, inspecteur des études, mandarin du quatrième degré. Un professeur du titre de *Giao Tho*, mandarin du sixième degré, est directeur des études dans chaque département ; un autre professeur, du titre de *Huân Dao*, mandarin du septième degré, est revêtu des mêmes fonctions dans chaque arrondissement.

---

1. Dans la famille : concorde entre les époux, respect des parents, déférence à l'égard des aînés ; dans la société : respect des vieillards, devoirs mutuels des hommes entre eux ; dans l'État : devoirs réciproques du souverain et des sujets, devoirs des fonctionnaires, devoirs des lettrés, tels sont les principaux points de la morale enseignée au peuple.

Les directeurs de ces écoles de département et d'arrondissement sont des licenciés ès lettres (*Cu' Nho'n*), ou des bacheliers (*Tu Tai*). La préférence étant toujours donnée aux licenciés, les bacheliers pourvus d'une chaire sont généralement des fonctionnaires âgés. Les inspecteurs des études de la province sont toujours pris parmi les docteurs (*Tan Shi*). Après l'épreuve d'un certain temps de professorat, les inspecteurs des études sont ordinairement nommés chefs du service judiciaire en province, et les directeurs d'école de département ou d'arrondissement sont nommés préfets ou sous-préfets. En faisant ainsi du professorat la condition et comme l'entrée des hautes fonctions administratives, l'État stimule le zèle du professeur et assure le recrutement des chefs de l'administration dans la classe la plus instruite de la nation.

Dans chaque commune, il y a au moins un maître d'école qui ne dépend point de l'État ; il dispense ce que nous appellerons l'instruction primaire ; mais il est difficile de donner une idée de ce genre d'instruction dans l'Annam.

Pour la mieux concevoir, il faut d'abord faire abstraction de nos habitudes d'esprit, et songer que nous sommes en présence d'un peuple qui représente chaque idée par un signe spécial, et qui ignore le procédé, plus abstrait mais plus pratique, qui consiste à figurer le son des mots avec un nombre restreint de signes, divisés en voyelles et consonnes. En d'autres termes, l'écriture annamite, identique à l'écriture chinoise, est idéographique et non pas phonétique, et, quel que soit le sens grammatical dans lequel le mot est pris, le signe reste le même, sa position dans la phrase indiquant l'acception qu'il faut lui attribuer [1].

1. La langue écrite, importée de la Chine, est, chez les Annamites, une langue morte, différant complètement de l'idiome vulgaire, qui ne s'écrit pas en hiéroglyphes, mais se représente fort bien phonétiquement

Le nombre des hiéroglyphes serait infini, comme le sont
en théorie les expressions de la pensée humaine, si l'usage
n'en avait restreint et fixé le développement. Nos dictionnaires européens usuels, renferment trente ou quarante mille
mots. En ajoutant à ce chiffre l'ensemble des mots techniques, on arrive à un total que l'on peut estimer à quatre-vingt
mille. Mais la série de ceux qui défrayent la conversation
courante, qu'il s'agisse de littérature ou de science, renferme à
peine trois ou quatre mille mots ; les autres n'entrent qu'accidentellement en composition avec ce fonds primitif. Il en
est de même des signes de la langue chinoise employée
comme langue écrite par les Annamites. Aucun lettré ne
connaît les trente ou quarante mille hiéroglyphes du dictionnaire de Khang Hi. Il ne sait guère que les quatre à cinq
mille signes usuels ; les dictionnaires lui donnent la signification des autres. En lisant un livre spécial, on se débarrasse
facilement des mots techniques, au prix de quelques recherches, et l'on n'a plus alors qu'une lecture ordinaire à faire.

Il résulte de ce qui précède, qu'apprendre à lire et à écrire,
en chinois ou en annamite [1], n'a pas le même sens qu'apprendre à lire et à écrire, en français. Chez nous, cela signifie étudier et connaître les combinaisons de vingt-quatre caractères,
à l'aide desquels on représente le son et par conséquent la
signification des mots. Apprendre à lire et à écrire, en chinois, signifie au contraire se familiariser avec la forme et le
sens des deux ou trois mille hiéroglyphes usuels. Chez nous,

à l'aide de l'alphabet latin modifié et complété par les missionnaires.
Malheureusement cette langue vulgaire n'a pas atteint un développement qui lui permette de satisfaire à tous les usages.

1. Les Annamites prononcent les hiéroglyphes chinois d'une manière
assez différente de celle qui est usitée en Chine. Cette différence provient
d'un système de prononciation et d'un mode d'intonation propres à la
race annamite ; mais le sens de chaque figure est le même pour les deux
peuples.

on écrit la parole; en Chine, on représente la pensée. Chacun de ces caractères idéographiques n'a d'ailleurs, le plus souvent, aucun rapport direct avec l'idée représentée et se compose de traits graphiques purement conventionnels, dont la combinaison régulière forme les hiéroglyphes. S'il fallait étudier et retenir séparément chaque caractère, la mémoire humaine reculerait devant une semblable difficulté ; mais le problème se réduit à se familiariser, tout au plus, avec un millier de figures fixes, pouvant se combiner deux à deux [1], et dont les traits invariablement dessinés de la même manière se gravent facilement dans la mémoire. Il va sans dire qu'il s'agit ici d'une mémoire spéciale, analogue à celle du peintre, et que nous appellerons la mémoire de la vue, par opposition à la mémoire des sons.

Cette mémoire, inculte chez les Européens, est extraordinairement développée chez les peuples de race chinoise. L'atavisme, l'influence du milieu, facilitent l'intelligence des

---

1. Si l'on admet six cents phonétiques, on obtiendra, en combinant ces quelques centaines de figures invariables avec chacune des deux cent quatorze clefs, plus de cent vingt mille hiéroglyphes différents. En appelant phonétique l'hiéroglyphe le plus simple, correspondant à un mot de la langue monosyllabique des Chinois, Má, par exemple, il est évident d'abord que, même en le multipliant par les cinq tons, le nombre des combinaisons monosyllabiques de Má est nécessairement limité à cinq. Si, d'autre part, l'on combine cet hiéroglyphe avec les deux cents quatorze signes radicaux, on obtient deux cent quatorze hiéroglyphes représentant des idées différentes, bien que les deux cent quatorze nouveaux signes continuent à s'appeler Má, du nom de la phonétique composante. Le son Má ne déterminera donc aucune des combinaisons hiéroglyphiques de la phonétique, et, par suite, aucune des significations des caractères nombreux qui s'appellent Má. — C'est parce que l'écriture latine ne peut rendre distincte aucune des significations des hiéroglyphes homophones, qu'il est impossible d'écrire phonétiquement la « langue littéraire » des Chinois. Pour déterminer le sens de chacun des caractères dénommés Má, il faut absolument « voir » l'hiéroglyphe ; entendre le son qui y est attaché ne suffirait pas et n'est pas même nécessaire dès que l'on a le signe sous les yeux.

hiéroglyphes et en livrent rapidement le secret, L'histoire des lettrés chinois passant la moitié de leur vie à apprendre à lire est tout simplement un conte absurde.

Pour s'exercer à représenter les figures et à les retenir, il faut prendre le pinceau et lire et écrire tout à la fois, sous la direction du maître d'école, les signes qui représentent les mots et les idées de la phrase à l'étude. On trouve dans chaque village des maîtres d'école qui ne sont point payés par l'Etat, et qui exercent librement leur métier, sans qu'on exige d'eux aucun brevet de capacité. Ces maîtres, généralement mariés, respectés et honorés pour leur savoir, vivent de leur profession, grâce aux cadeaux des parents et aux travaux d'écriture qu'ils font pour le municipe et pour les particuliers. Leur méthode d'enseignement est fort simple.

Les enfants, groupés autour d'eux, tracent les caractères avec un petit bâtonnet, sur une planchette recouverte de vase fraîche. Le maître indique la signification et le nom de chaque caractère, les enfants les répètent à haute voix. Lorsqu'ils sont devenus habiles à tracer dans leur ordre les traits de forme invariable dont se compose tout hiéroglyphe, on passe à l'usage du pinceau. En familiarisant ses élèves avec la vue des hiéroglyphes, en faisant entrer peu à peu ces signes dans leur mémoire, le maître leur enseigne la morale et les devoirs sociaux. Ces principes se répètent sans cesse sous le pinceau de l'écolier, dessinant et chantant les sentences qui composent la leçon. Les livres d'instruction primaire sont en vers, formant une suite de phrases très habilement arrangées qui se prêtent à des commentaires intéressants et substantiels. L'enfant sort de l'école pourvu d'une éducation morale et assez versé dans la connaissance des hiéroglyphes pour lire et écrire les contrats usuels et pour ténir ses comptes.

Dans chaque chef-lieu d'arrondissement, le directeur des études, professeur de l'État, jouissant d'un faible traitement, reçoit les élèves déjà dégrossis par les maîtres d'école de village. Il les initie à l'étude des livres canoniques (*Kinh*), livres de Confucius et de son école, d'où dérivent toutes les coutumes civiles du pays [1]. Dans ces écoles secondaires, les élèves en outre de leurs études de philosophie et d'histoire, sont exercés à la versification, et deviennent capables d'écrire les compositions poétiques exigées dans les concours.

C'est auprès des grands mandarins de la province que l'inspecteur des études (*Doc Hôc*) tient son école ; il a pour élèves (*Hôc Shanh*) les lauréats des examens provinciaux, entretenus par l'État. Il reçoit aussi des élèves libres en nombre illimité.

L'instruction secondaire, donnée par ces professeurs de l'État, étant d'ailleurs libre comme l'instruction primaire, les professeurs particuliers ne manquent pas. Les examens pour les divers grades littéraires sont réglés de telle sorte que les examinateurs ignorent quelle est l'école où le candidat a fait ses études.

Il y a trois sortes d'examens littéraires dans l'empire d'Annam :

1° Les examens semestriels par province (*Khoa*), destinés à maintenir le goût des études parmi les populations. Les candidats qui satisfont à ces examens sont, pendant un certain temps, exempts du service militaire et de la corvée. C'est parmi eux que sont choisis les jeunes gens entretenus par l'État à l'école de l'inspecteur des études de la province.

2° Les examens triennaux par région [2] (*Hu'o'ng Thi*), dans

1. La loi civile n'est pas écrite, elle n'existe qu'à l'état de coutume orale, prenant sa source dans les livres canoniques.
2. Binh Dinh est le centre d'examen depuis le Binh Thuân jusqu'au

lesquels les étudiants viennent chercher les diplômes de bachelier et de licencié ès lettres. Quand un événement heureux arrive à la dynastie, le roi décrète exceptionnellement des examens régionaux supplémentaires.

3° Enfin les examens de la capitale (*Hoi Thi*), auxquels prennent part les licenciés des différentes provinces du royaume qui veulent obtenir le grade de docteur ès lettres.

Chaque année, au quinzième jour du deuxième mois et au quinzième jour du huitième mois, les professeurs de l'État, chacun dans sa circonscription, désignent les élèves qui peuvent se présenter aux examens semestriels avec quelque chance de succès, après leur avoir fait subir rapidement et en un seul jour les quatre genres d'épreuve littéraires en usage.

Les examens oraux ne sont pas admis chez les Annamites. Les épreuves sont donc écrites et se ressemblent toutes, depuis les examens provinciaux jusqu'aux examens de la capitale ; la seule différence consiste dans le choix de sujets, qui, de grade en grade, deviennent de plus en plus difficiles à traiter.

La première composition a pour objet l'interprétation d'un passage des livres canoniques (*Ngu Kinh*) dans laquelle les candidats doivent déployer toute leur érudition.

La deuxième comporte deux compositions en vers, d'espèce différente.

La troisième est une amplification sur un sujet philosophique tiré des Quatre Livres.

La quatrième, d'origine récente, comprend trois sujets,

Quang Nam ; les provinces des environs de Huê concourent à la capitale ; le Xu' Nghê a des examens pour lui seul, et les provinces du Tonquin concourent à Ha Nôi. Les provinces de Nam Ky concourent à Saigon.

Le nombre des diplômes de licencié étant limité pour chaque région, c'est par un véritable concours que ces diplômes s'obtiennent : concours difficile, puisque le nombre des candidats est toujours très supérieur à ce lui des diplômes délivrés.

dont lo plus important est un panégyrique ou une dissertation.

Les examinateurs corrigent les compositions et les classent sans connaître le nom de l'auteur. Ils emploient, à cet effet, un procédé analogue à celui de nos devises.

Pour l'examen semestriel, les candidats se rassemblent au collège de l'inspecteur des études de la province. Il est généralement impossible de faire concourir dans l'école même. On choisit alors une enceinte murée, d'une dimension convenable, ou bien l'on entoure d'une palissade une grande aire. Cette enceinte est gardée par la force armée, assez strictement pour empêcher toute communication avec l'extérieur pendant la durée des compositions. La veille des examens, chaque candidat construit, avec quatre pieux et quelque feuille de palmier, l'espèce de tente-abri dans laquelle il travaillera. C'est une sorte de mise en loge.

L'appel des candidats commence à trois heures du matin par les soins du maître des cérémonies (*Lé Sank*) ; on remet à chaque concurrent, à son entrée dans l'enceinte, un cahier de papier blanc. Au point du jour, une affiche élevée en l'air indique les sujets des quatre genres de composition. Chacun choisit à son gré l'un des sujets et le traite ; les plus exercés mettent leur honneur à les traiter tous.

Vers midi, le maître des cérémonies passe devant chacun des candidats et appose son cachet sur la dernière page qu'ils viennent d'écrire. A partir d'une heure on bat le gong par intervalles, pour rappeler aux candidats que les heures s'écoulent. Le maître des cérémonies reçoit les compositions jusqu'à minuit : à une heure du matin, on expulse impitoyablement tous ceux qui n'ont pas achevé.

Les compositions corrigées par les directeurs des études, professeurs de département ou d'arrondissement, sont révisées en dernier ressort par l'inspecteur des études. Le mérite de ces compositions est caractérisé par quatre notes, qui correspondent à : très bien, bien, assez bien, mal [1].

Toute composition qui obtient la note « très-bien » au premier et au deuxième pointage, vaut à son auteur l'exemption de la milice et de la corvée pendant un an. Quant aux compositions qui méritent les mentions « bien » ou « assez bien, » aux deux pointages, elles donnent droit à l'exemption des mêmes charges pendant six mois. La note « mal » à l'un des deux pointages, emporte l'exclusion de tout privilège.

Le nombre des privilégiés, créés par les examens semestriels, devient souvent tellement considérable, que les administrateurs des communes ne peuvent plus satisfaire aux exigences de la milice et de la corvée. En ce cas, les municipes se plaignent aux mandarins provinciaux de l'excès des exemptions accordées. Le gouverneur ordonne alors, au chef du service administratif une révision, en dernier ressort, des compositions couronnées ; il limite le nombre des privilèges à accorder, et l'examen se transforme en un véritable concours, « à cause du manque de soldats [2], » suivant l'expression consacrée. Lorsqu'il a été fait choix des meilleures compositions, mais dans la limite restreinte fixée par le gouverneur, les noms des lauréats sont affichés aux portes de la citadelle. Les communes intéressées en prennent copie et ont dès lors le droit d'exiger le service militaire et la corvée de tous ceux dont les noms ne figurent pas sur l'affiche.

Quelque temps avant l'époque des concours régionaux, tous les candidats aux diplômes des lettres subissent un examen préparatoire devant le professeur de l'État, directeur des

1. Un' (*très, bien*) Binh (*bien*), Thu' (*assez bien*), Liêt (*mal*).
2. Koa Khiêm Binh.

études de leur circonscription. Ce professeur conduit les admissibles devant l'inspecteur des études de la province ; il est alors procédé à une nouvelle élimination, à la suite d'une séance d'épreuves. Ce triage terminé, l'inspecteur des études demande aux municipes des renseignements sur la moralité des candidats de leurs communes reconnus admissibles. Ils doivent avoir une réputation d'honnêteté et de modestie ; être renommés pour leur piété filiale et leur amitié fraternelle ; être chastes et conciliants. Ceux auxquels leur commune refuse cette espèce de certificat de bonnes vie et mœurs, ne sont pas admis aux examens. Chaque candidat doit faire connaître le nom de son père, de son grand-père et de son bisaïeul ; les descendants des acteurs, ou ceux qui compteraient des rebelles dans leur famille, sont exclus des examens.

Le ministère des Rites nomme une commission pour chaque concours régional. Elle est composée d'un président, d'un vice-président et d'un assesseur [1]. Ces trois mandarins sont choisis parmi les hauts fonctionnaires de la capitale. Le ministère doit leur adjoindre deux correcteurs (*Sho' Khao*), et deux réviseurs de corrections (*Phuc Khao*) choisis parmi les professeurs provinciaux. Le nombre des correcteurs et des réviseurs est porté à quatre dans les pays où les concurrents sont très nombreux.

A ces correcteurs est adjoint un contrôleur (*Giam Khao*), mandarin de haut rang, ayant le pouvoir de discuter les notes des réviseurs et correcteurs, et de soumettre les compositions.

Un censeur royal, inspecteur des opérations d'examen [2], contestées à l'examen des mandarins supérieurs.

---

1. Ces trois mandarins sont appelés : *Chanh Chu Khao, Pho Chù Khao* et *Phan Khao* ; maître des corrections, lieutenant du maître des corrections, et participant aux corrections.

2. Ngu' Shu' Giam Sbat Tru'o'ng Vu Quan.

part de la capitale en même temps que les examinateurs en chef. Il suit partout ces derniers, et signale directement au roi les plus minimes infractions aux règlements.

Le président du Jury doit entrer dans l'enceinte des séances d'examen dans les trois jours de son arrivée au lieu de la session. Les examinateurs et les autorités provinciales, en costume de cour, escortés de troupes, l'accompagnent alors dans l'enceinte. Puis les mandarins provinciaux se retirent dans le même appareil, après avoir fait placer des sentinelles à toutes les portes.

A partir de ce moment, les communications avec l'extérieur sont interdites à la commission d'examen pendant toute la durée des opérations. Pour obtenir la fourniture d'un objet quelconque, venant du dehors, il faut que le président écrive spécialement au gouverneur, qui se procure alors l'objet demandé et en autorise l'entrée.

Les examinateurs arrivés à destination se reposent pendant un jour ou deux. Ils font d'ailleurs afficher immédiatement les jours fixés pour les examens et les règlements de police relatifs à la tenue des séances.

Pour éviter l'encombrement, les candidats sont partagés en quatre divisions, qui doivent entrer chacune dans l'enceinte des examens par une porte spéciale. Quatre mandarins militaires ont le commandement des troupes commises à la garde extérieure de l'enceinte. Un mandarin de rang inférieur, assisté de plusieurs maîtres des cérémonies, est chargé de la surveillance intérieure.

La première séance a ordinairement lieu au commencement du mois ; les trois séances suivantes sont espacées entre elles de quelques jours ; chaque séance dure vingt-quatre heures.

La veille du concours, à minuit, le gong éveille les candidats. et chaque division se présente à sa porte respective. On fait l'appel nominal ; le candidat appelé franchit la porte, ses vêtements sont visités par les mandarins militaires, et il reçoit du maître des cérémonies un cahier de papier. Tout candidat, reconnu porteur de livres ou de manuscrits, est expulsé et renvoyé devant les tribunaux pour être jugé suivant la loi.

Au jour, on élève en l'air une affiche indiquant les sujets de composition de la séance. Ce sont, pour la première séance, par exemple, sept sujets d'interprétation tirés des livres canoniques. Une journée est consacrée à chaque genre d'épreuves. Le nombre des sujets de composition dans chaque genre étant très grand, les candidats doivent choisir deux sujets, au moins, parmi ceux qui sont affichés ; les plus forts des concurrents traitent tous les sujets. Comme aux examens semestriels, on relève les dernières compositions à minuit, dernier délai. Ceux qui alors n'ont pas terminé les deux exercices littéraires, exigés comme minimum, sont mis hors de concours ; les professeurs de la circonscription à laquelle appartiennent ces candidats sont punis pour les avoir témérairement présentés. Les candidats, qui obtiennent la note d'excellence dans les quatre séances qui composent l'ensemble des examens, sont classés suivant leur mérite respectif et nommés ensuite licenciés ès lettres, jusqu'à concurrence du nombre de diplômes à distribuer dans la région où se passe l'examen. Ceux qui sont classés immédiatement après obtiennent le diplôme de bachelier.

Les mentions « bien » et « assez bien » donnent également droit au diplôme de bachelier. La note « mal », pour une quelconque des épreuves, rend indigne de tout diplôme.

Les bacheliers sont, en vertu de leur titre, dispensés du service militaire et de la corvée. Ils peuvent se présenter à de nouveaux concours triennaux pour obtenir la licence, sans être assujettis à subir les épreuves d'admissibilité. Si, dans l'un de ces examens, ils encourent la note « mal », le diplôme de bachelier leur est retiré, et ils en sont réduits à recommencer la conquête de leurs grades littéraires.

Les licenciés peuvent obtenir des places de directeur d'études de département ou d'arrondissement, s'ils n'aiment mieux se rendre à la capitale pour subir les épreuves du doctorat ès lettres.

Ces examens, appelés *Hoi Thi*, ont lieu tous les trois ans[1]. On s'y rend de tous les points du royaume. Les licenciés nouvellement promus, et les anciens, non pourvus d'emplois de l'Etat, viennent s'y présenter. La commission est organisée comme celle des concours régionaux ; les formes observées sont les mêmes, avec cette différence cependant que le président et le vice-président sont directement désignés par le roi. Les exercices littéraires proposés aux concurrents appartiennent aux quatre genres littéraires dont il a été précédemment parlé ; seulement les sujets à traiter sont plus difficiles. Le roi se plaît souvent à envoyer des sujets de composition, par un homme de sa garde, le jour même de l'examen. [2]

Les notes données varient depuis 1 jusqu'à 20 pour chaque genre de composition. Ce mode de pointage permet de classer plus facilement les candidats.

Ceux dont les compositions méritent les places mises au concours sont admis à l'examen de la cour (*Dinh Thi*), et leur nom

1. Au deuxième mois des années Shu'u, Thin, Vi et Tuât du cycle duodennaire.

2. Pour l'examen de doctorat et l'examen de la cour, les candidats reçoivent des cahiers tout rayés et reliés par les soins du ministère des Rites. Leurs compositions, aussitôt achevées, sont remises à d'habiles copistes qui les transcrivent et les mettent au net.

est inscrit sur une tablette d'honneur (*Chanh Ban*). Ceux qui viennent après, dans l'ordre de mérite, sont inscrits sur une deuxième tablette (*Pho Ban*); ils ne peuvent plus se présenter à de nouveaux examens et doivent définitivement s'en tenir aux honneurs de cette deuxième tablette. Les candidats refusés ont, au contraire, le droit de se présenter et de concourir pour l'inscription sur l'une ou l'autre des deux tablettes précédentes.

Les licenciés, jugés dignes des honneurs de la seconde tablette, sont inscrits au ministère du Personnel, et pourvus d'un emploi de préfet ou de sous-préfet au fur et à mesure des vacances. Les licenciés refusés peuvent, s'il ne leur plaît de se présenter à un nouvel examen de doctorat, entrer comme surnuméraires dans un ministère en attendant un emploi de professeur.

Ceux qui ont obtenu l'inscription sur la première tablette sont, avons-nous dit, admis aux examens de la cour (*Dinh Thi*). Cet examen a lieu dans le palais même du roi ; le souverain donne le sujet de la composition.

A la suite de l'examen de la cour, les trois premiers de la liste sont proclamés docteurs de première classe. Les compositions suivantes, qui ont mérité d'être remarquées, ne sont pas classées, mais leurs auteurs sont proclamés docteurs de deuxième classe. Quant aux compositions de mérite ordinaire, elles ne donnent pas lieu à une nouvelle épreuve, mais les auteurs de ces compositions n'ont droit qu'au titre de docteur adjoint.

Les docteurs de première classe sont immédiatement pourvus d'une charge de lieutenant criminel en province. Les docteurs de deuxième classe obtiennent une place dans les ministères ou une préfecture. Les docteurs adjoints sont pourvus les derniers, dès qu'il se produit des vacances.

La capitale du royaume d'Annam renferme une école du gouvernement (*Quoc Tu' Giam*), destinée à préparer aux examens les fils des princes et des hauts mandarins. Les élèves des écoles provinciales, remarquables par la précocité de leur intelligence, peuvent aussi être envoyés dans cet établissement. Tous ces élèves (*Siam Ganh*) y sont d'ailleurs entretenus aux frais de l'Etat.

Enfin Hué possède une Académie, exerçant son patronage et sa haute influence sur les études littéraires.

On pourrait conclure de ce que nous venons d'exposer que l'état de l'instruction publique dans l'Annam correspond à une civilisation très avancée et très brillante; que le tableau d'une science aussi généralement répandue, que l'énumération des grades qui ouvrent la carrière administrative et politique aux plus dignes parmi d'innombrables concurrents, sont les indices non trompeurs d'une remarquable prospérité industrielle et commerciale. Nous avons vu qu'il n'en est rien. La science philosophique et littéraire, dont nous avons énuméré les examens et le programme, est souvent puérile, toujours ingénieusement et vainement compliquée comme les caractères qui la représentent [1]. On

1. Il ne faut pas se méprendre sur notre pensée : quelque compliqué que paraisse aux Européens l'usage des caractères chinois, ce système de représentation de la pensée est loin d'être aussi défectueux qu'on veut bien se l'imaginer à priori. Avec les idiomes monosyllabiques, il est impossible d'exprimer complètement la pensée humaine par la représentation phonétique du langage, à cause du nombre limité des monosyllabes dont nous disposons, même lorsqu'ils sont multipliés par des tons variés, et surtout à cause de la multitude des mots homophones. Les Annamites seront donc condamnés à l'usage des caractères chinois, tant que leur langue vulgaire ne sera pas mieux construite. Il se produira sans doute avec le temps dans cette langue, un travail de concentration qui la fera passer du monosyllabisme au disyllabisme et au polysyllabisme. On remarque déjà, dans l'annamite vulgaire, une tendance au disyllabisme provenant de l'usage de plus en plus fréquent des mots doubles, formés de deux synonymes monosyllabiques.

ne saurait mieux comparer le savoir des Annamites qu'à la science scolastique du Moyen âge : tous les efforts de la pensée se bornent à un perpétuel commentaire des livres canoniques chinois (*Ngu Kinh*). Une philosophie ainsi immobilisée et toute de convention, qui méprise la méthode expérimentale, ne peut engendrer que des procédés empiriques, sans but sérieux et sans portée utile. Aussi, malgré tout l'effort de l'appareil scolaire que nous venons de décrire, il faut bien avouer que l'enseignement annamite ne peut s'améliorer qu'en se transformant, qu'en s'inspirant d'un esprit absolument nouveau.

Il faut donc avant tout élargir le programme des études philosophiques et remettre Confucius, jusqu'à ce jour leur unique maître, à son rang parmi les philosophes instituteurs de l'humanité. Il faut surtout ouvrir largement la porte à l'enseignement des sciences naturelles et mathématiques, entièrement ignorées de ces peuples, et éveiller ainsi en eux l'esprit d'observation.

comme *Ngo Thay* (voir-regarder). Le besoin de se faire comprendre des Européens, rebelles aux délicates nuances des intonations orientales, ne peut que favoriser cette tendance. Cela est d'un heureux augure pour le triomphe définitif de l'idiome vulgaire et l'abandon de l'écriture chinoise. Mais un changement aussi considérable dépend de causes multiples qui agissent fort lentement. En attendant, et pour conclure, il faut reconnaître que la lecture des caractères chinois est indispensable pour administrer les peuples de l'Annam.

CHAPITRE VII

CANTONS ET COMMUNES

A part la capitale et quelques rares chefs-lieux, il n'y a pas, à proprement parler, de villes dans l'Annam. Les centres administratifs de province sont formés par l'agglomération de quelques villages, groupés autour de la citadelle, siège de l'administration provinciale. Les préfectures ou sous-préfectures sont établies dans des villages que rien ne distingue des autres au premier aspect. Il n'y a pas de chef-lieu de canton. Le nombre des cantons dans un arrondissement, le nombre des communes dans un canton sont fort variables ; la configuration géographique des lieux, plutôt que l'égale répartition de la population, semble avoir guidé le gouvernement annamite dans la distribution des divisions administratives du pays.

Le canton est dirigé par un chef de canton (*Cai Tong*), assisté d'un sous-chef de canton (*Pho Tong*) et quelquefois même d'un sous-chef de canton supplémentaire (*Ban Biên* ou *Sung Biên Pho Tong*).

Les chefs de canton sont choisis par les délégués des communes, qui s'assemblent pour faire leur choix dans un des villages du canton, ou même à la résidence du sous-préfet de leur arrondissement. Le jour de l'élection est fixé par l'administrateur de l'arrondissement. Le conseil de chaque commune délègue, pour cette élection, le maire et deux membres de la municipalité.

L'élection se fait au choix, mais on se met simplement d'accord après discussion, sans recourir, comme chez nous, au vote à la majorité des voix. Les électeurs dressent ensuite une supplique pour demander la nomination de la personne élue. Lorsque les avis sont partagés, et que les électeurs persistent dans leur dissentiment, les communes dissidentes se contentent de ne pas signer la supplique de nomination. S'il y a partage égal des avis ou tout au moins minorité considérable, le parti opposant dresse de son côté une supplique tendant à faire nommer son candidat.

Souvent les préfets et sous-préfets lèvent la difficulté, en proposant une tierce personne au suffrage des communes. Si ce dernier moyen ne réussit pas, ils renvoient les deux élus devant les autorités provinciales, qui, dans ce cas-là, doivent choisir et départager les délégués. L'administration est d'ailleurs rarement obligée de recourir à ce moyen extrême ; les communes, très jalouses au fond de leur liberté, finissent presque toujours par s'entendre, et l'élu proposé est alors accepté par l'administration.

Pour être élu chef ou sous-chef de canton, il faut avoir rempli les fonctions de maire ou de membre de la municipalité de sa commune, sans avoir encouru les réprimandes de l'administration provinciale ; un an de service suffit à la rigueur.

Il faut surtout n'avoir subi aucune condamnation pour crime ou délit. Aussi toute élection, avant d'être approuvée par l'autorité provinciale, est-elle soumise, pour vérification du casier judiciaire, au lieutenant criminel, puis aux bureaux du chef du service administratif, qui s'assurent que l'élu n'a mérité aucun reproche en ce qui concerne les corvées, ou l'impôt.

Ces vérifications faites, la supplique de nomination, ac-

compagnée du rapport favorable du préfet ou sous-préfet
compétent, est l'objet d'un projet de nomination, rédigé au
nom du gouverneur par les soins du chef du service administratif. Après l'approbation du gouverneur, l'élu des communes reçoit des mains du chef du service administratif, avec
le sceau [1] en bois, insigne de sa charge, un brevet de chef de
canton provisoire (*Thi Shai Cai Tông*). Avis de la nomination est donné au ministère du Personnel (*Bô Lai*).

Les sous-chefs de canton sont nommés de la même manière
que les chefs de canton, avec cette différence qu'il n'est pas
nécessaire d'en informer le ministère.

Il faut une plainte motivée des communes, un manquement
grave aux lois établies, la démission ou la mort du titulaire,
pour motiver de nouvelles élections.

Les sous-chefs de canton sont nommés à vie ; ils peuvent
cependant être élus chefs de canton. Quant aux chefs de canton nouvellement élus, si, après une administration provisoire
de trois ans, ils n'ont encouru aucun blâme, une demande de
nomination définitive est expédiée pour eux au ministère [2]. La
nomination est faite au nom du roi et le brevet (*Bang Cap*),
timbré du sceau royal, est envoyé au chef de canton, assimilé
dès ce jour, aux fonctionnaires du neuvième degré (*Cu'u
Pham Cai Tông*).

Après une nouvelle période de trois années de bons services, le chef de canton est honoré du titre de chef de cent fa-

1. Le sceau est en bois pour les maires et les chefs de canton : en cuivre, en ivoire, en jade pour les mandarins, suivant leur rang. La simple
apposition du sceau remplace la signature dans les pièces officielles. La
dimension et la forme des sceaux est réglée officiellement. La contrefacon
d'un sceau officiel est punie des peines les plus sévères.

2. Cette demande est rédigée en triple expédition, au nom du gouverneur, par les soins du chef du service administratif. La troisième expédition est retournée au gouverneur avec l'approbation du ministère ; la
nomination est ensuite envoyée dans la province en temps utile.

milles (*Ba Hô*) ; ce titre l'assimile aux fonctionnaires du hui-
tiéme degré. A la suite de trois nouvelles années de bons
services, il peut être élevé à la dignité de chef de mille familles (*Tièn Hô*) ; ce dernier titre le classe dans le septiéme rang
du mandarinat ; on cesse de l'appeler maître (*Thây*) ; il a droit
au titre de monsieur (*Ong*).

Ces honneurs sont rarement accordés, car il faut avoir
rempli ses fonctions avec un bonheur étonnant, puisque le
retard dans la rentrée de l'impôt, un acte de brigandage commis dans le canton, la moindre négligence dans le service,
suffisent pour motiver un reproche et prolonger de trois nouvelles années l'obtention de distinctions, dont le gouvernement se montre toujours très avare envers ces fonctionnaires.

Les chefs de canton ne représentent point à proprement
parler l'État ; ce sont les véritables représentants de la population ; représentants bien humbles, à la vérité, mais qui
jouent néanmoins un rôle important dans l'organisation politique des Annamites.

Choisis parmi les hommes les plus influents par leur fortune, les plus honorables par leur conduite, les plus indépendants par leur caractère, et les plus populaires par leur bienveillante urbanité, les chefs de canton sont l'honneur de leur
pays. Élus entre les notables qui ont fait preuve d'équité en
rendant la justice à leurs concitoyens, et de capacité en
administrant les affaires municipales, ils sont les défenseurs
nés du peuple et des libertés communales.

Régler les affaires d'intérêt commun. provoquer le concours
des cantons voisins dans les travaux d'intérêt général, ren-
seigner l'administration sur les besoins des communes, prendre part à la répartition des impôts, appuyer les demandes
de dégrèvement, concilier les procès que les autorités com-

munales ont été inhabiles à terminer, défendre au besoin les particuliers ou les communes contre les administrateurs d'arrondissement en portant la cause devant le préfet ou les mandarins provinciaux, tels sont les droits des chefs de canton.

Ils ont par contre le devoir d'assurer dans les communes l'exécution des ordres de l'administration ; de veiller à l'entretien des voies de communication ; de presser la rentrée des impôts au Trésor ; de maintenir l'ordre public et la sécurité de la circulation et de faire arrêter et livrer à la justice les malfaiteurs que les municipalités négligentes laissent vivre sur leur territoire ; et, enfin, de dénoncer les notables enclins à opprimer leurs concitoyens.

La commune est, chez les Annamites, la dernière division de la géographie administrative [1]. A l'origine, le territoire de la commune parait avoir été fixé d'après le nombre de familles et la qualité des terres. Cela résulte clairement de la lecture des rites des Tcheou, écrits au xiie siècle avant notre ère, et qui correspondent, en Chine et en Cochinchine, à un état très-différent de la société actuelle.

De nos jours, la commune annamite nait de l'initiative libre et spontanée des citoyens. Un territoire est vacant : un homme se sent capable, à l'aide de sa famille et de quelques autres, de tenter l'exploitation de ce territoire ; il peut demander et obtenir, en son nom et au nom de ceux qui veulent le suivre, le droit d'occuper les terrains en friche, pour y fonder une commune nouvelle, en s'engageant à payer l'impôt foncier après la période du défrichement.

1. La commune (Thôn ou Xa) s'appelle Lang, en langue vulgaire. En Basse-Cochinchine, le mot Xa désigne une commune dont le territoire est relativement petit, par rapport à la population agglomérée en villages ; on appelle Thôn, une commune qui comporte un grand territoire. Dans d'autres parties du royaume, ces expressions ont une acception absolument contraire.

L'administration annamite [1], afin d'éviter les lenteurs en

1. Le peuple annamite, par son caractère aventureux, a de grandes aptitudes pour la colonisation. En un siècle, il a peuplé de ses émigrants les
six provinces aujourd'hui possédées par la France. Le passage suivant de
la *Description de la Basse-Cochinchine*, traduite par M. Aubaret, per-
mettra d'apprécier les principes libéraux du gouvernement annamite en
matière de colonisation. « Ce pays de la Basse-Cochinchine... était cou-
« pé d'un grand nombre de cours d'eau et couvert de forêts... On réunit,
« dans le principe, pour le coloniser, des habitants dans les trois grands
« sièges administratifs. On fut alors extrêmement facile et coulant sur la
« façon de gouverner le peuple. Le but principal étant de faire cultiver et
« d'attacher au sol... on laissa les nouveaux colons, libres de leurs mou-
« vements, travailler la terre où il leur convenait le plus. Le peuple eut
« donc l'entière liberté de défricher ce que bon lui semblait et d'établir
« ses demeures et ses nouvelles rizières, en fondant ses villages aux lieux
« choisis par lui-même... Les lots de terre étant choisis, il suffisait d'en
« esprimer le désir au mandarin, pour en devenir propriétaire. » (Voyez
Aubaret, p. 18.)

Le cadastre étant établi depuis 1820 dans ces six provinces, d'après les
pièces que nous avons retrouvées aux archives, les formalités étaient les
suivantes, avant la conquête : la demande de fondation d'une commune
était établie en double expédition. L'une de ces expéditions était conser-
vée chez le Quan Bô ; l'autre, portant l'ordre au préfet ou sous-préfet
d'aller visiter les lieux, était rendue aux pétitionnaires. Le préfet se rendait sur les lieux, après y avoir convoqué par un ordre préalable les chefs
de canton, les notables des communes limitrophes, les propriétaires voisins et les demandeurs. Il faisait la reconnaissance du territoire demandé, véritable enquête *de commodo*, en présence des personnes convo-
quées. Il délimitait la nouvelle commune et les champs que chaque chef
de famille désirait exploiter. Il dressait ensuite un rapport circonstancié,
indiquant qu'il avait procédé, en présence de tous les intéressés, à la délimitation du territoire communal et des propriétés particulières. Puis,
par catégorie de culture, il faisait la nomenclature des parcelles, en indiquant, pour chacune d'elles, les limites et la contenance mesurée, et le
nom du nouveau propriétaire, dont il donnait dans son rapport le
prénom et l'âge. Ces constatations devaient servir de point de départ au
rôle personnel et au rôle foncier de la nouvelle commune. Une carte,
figurant les lieux, était jointe au rapport rédigé en double expédition.

Une expédition approuvée restait aux archives de la province, l'autre
était renvoyée au préfet ou sous-préfet. Au reçu de son rapport approuvé,
celui-ci dressait un procès-verbal de visite (*An Kham*), destiné à servir
de titre définitif de concession au village. Cette pièce relatait qu'en exécution des ordres du Quan Bô, reçus à la suite de la demande de fonda-

matière de concession de terres, n'oblige pas les intéressés à s'adresser plus haut que les magistrats provinciaux. Ceux-ci font droit à la demande, s'il n'est formé opposition sérieuse au cours de l'enquête *de commodo et incommodo*, dont elle est suivie à bref délai. Cette formalité remplie et la délimitation de la nouvelle commune et des propriétés choisies par chaque colon arrêtée, l'administrateur de la circonscription fait approuver ces délimitations par l'autorité provinciale, et délivre au maire de la nouvelle commune l'acte de fondation (*An Kham*) qui servira de point de départ au cadastre et au rôle de population.

Généralement les nouvelles communes, qui comptent peu de familles à leur création, sont administrées par leur fondateur. Ce dernier prend le titre de maire, et s'adjoint un ou deux habitants pour remplir les fonctions de notables [1]. Mais la population augmentant par la fécondité des familles et surtout par l'arrivée de nouveaux colons, attirés vers un territoire où les terres vacantes sont à la disposition de toute personne ayant la volonté de devenir propriétaire agricole [2], l'administration intérieure de la commune se complique, et

tion de tel village, l'administrateur s'était rendu sur les lieux et avait procédé à la détermination des limites. Reproduisant, d'après le rapport approuvé, les noms et âge des cultivateurs, la description et la contenance des parcelles de chacun d'eux, ce procès-verbal était signé du Phu ou Huyên et recevait son sceau. En résumé, les formalités pour obtenir une concession se réduisaient à la demande, au rapport du mandarin vérificateur et au procès-verbal remis par lui aux intéressés après approbation de son rapport. Toutes ces pièces étaient d'ailleurs établies en assez d'expéditions pour que la province, la préfecture ou sous-préfecture et la commune en eussent chacune un exemplaire dans leurs archives.

1. En Cochinchine, on appelle notables (*Hu'o'ng Chu'c*), les membres du conseil municipal.

2. L'Etat, en concédant le territoire communal, ne concède à chaque fondateur qu'un lot déterminé de terres. Le surplus des friches vacantes, dans le territoire concédé, continue à rester propriété de l'État, pour être concédé aux premiers agriculteurs qui en font la demande.

de nouveaux notables viennent augmenter le conseil municipal. C'est ainsi que, chez les Annamites, la propriété individuelle, la propriété communale et le corps municipal prennent naissance.

Dans l'Annam, la commune est une personne morale, jouissant de la plénitude des droits civils, pouvant dès lors acquérir, aliéner et tester en justice. Cependant, en matière de
propriété immobilière communale, un décret de Minh Mang
limite les droits de l'association, et n'autorise la vente de l'u-
sufruit des champs communaux qu'en défendant d'en aliéner
là nue propriété.

A cette exception près, la commune s'administre elle-même
et n'est point soumise à la tutelle de l'État. Elle donne son
avis sur la répartition de l'impôt, et c'est elle qui le perçoit ;
elle fait, avec ses propres ressources et après en avoir pris
l'initiative, les travaux d'utilité publique qui l'intéressent,
tient son contingent militaire au complet, et est responsable
de la police de son territoire. En un mot, elle est personne
majeure ; l'État n'intervient dans ses affaires que dans la mesure d'une action gouvernementale limitée aux intérêts généraux ; il ne se mêle de l'administration locale que dans le
cas, d'ailleurs fort rare, où une partie de la population porte
plainte contre ses mandataires naturels, les notables, membres du conseil municipal.

L'administration de la commune, comme, du reste, celle de
la famille, est réglée, en tout ce qui n'intéresse pas directement le service de l'État, non par la loi, mais par une coutume orale, traditionnelle, susceptible de nombreuses modifications de détail et variant de province à province

La commune, avons-nous dit, est administrée par les notables, expression qu'il faut entendre dans le sens d'officiers
municipaux. Ces notables se divisent en notables majeurs et

en notables mineurs. Les premiers forment le conseil municipal ; ils ont le droit de délibérer et de décider dans toutes
les affaires qui intéressent la commune ; les derniers, qui
n'ont pas voix délibérative au conseil, sont des agents d'exécution.

Les notables [1] sont choisis parmi les propriétaires fonciers,
les commerçants ou les riches rentiers, et même parmi les
simples habitants, lorsqu'ils jouissent d'une grande réputation d'honorabilité et de savoir-faire.

La population se divise en deux classes : les gens inscrits [2]
sur les rôles d'impôt et les gens non inscrits. Ces derniers
ne payent point de contributions personnelles, parce qu'ils
sont considérés comme trop pauvres. La coutume veut que,
pour se mêler des affaires de la commune, l'on soit inscrit
sur le rôle de l'impôt foncier ou sur celui de la contribution
personnelle.

Le nombre des charges de notables et leurs attributions
varient avec le chiffre de la population, l'importance des affaires de la commune, la condition des personnes qui y résident, et surtout les précédents ou les usages locaux.

Le conseil communal (*Thôn Hôi*) se compose essentiellement
du maire, du notable appelé *Hu'o'ng Thân* et du notable dit
Hu'o'ng Hao. Nous avons dit qu'à l'origine, lorsque la commune était formée de quelques familles à peine, le fondateur
prenait le titre de maire, et faisait donner à l'un de ses
associés le titre de *Hu'o'ng Thân*. Si ce fondateur est riche, il
prendra volontiers le titre de *Hu'o'ng Hao* et fera nommer
un maire, et peut-être un *Hu'o'ng Thân*.

1. Ces notables sont désignés par l'expression collective *Hu'o'ng Dzich* ;
le premier de ces deux mots se rapporte plus particulièrement aux notables majeurs (*Cac Chu'c' Lo'n*), et le deuxième aux notables mineurs (*Cac
Chu'c Nho*).

2. Les incrits sont appelés *Dzân Bô*, et les non inscrits *Dzân Lâu*.

Le maire[1] est ordinairement le seul fonctionnaire communal dont la nomination soit soumise à l'agrément de l'administration centrale. C'est par abus que le dernier surintendant général (*Kinh Lu'o'c*), des provinces de Basse-Cochinchine avait introduit la coutume de faire confirmer par le gouvernement la nomination du *Hu'o'ng Thân*, chargé d'expliquer les arrêtés de l'administration centrale, et du *Hu'o'ng Hao*, chargé de contrôler la police. Ces deux notables sont d'ailleurs tenus par la coutume d'aider le maire plus directement que les autres, et même de le suppléer au besoin.

Il ne faut pas se faire du maire annamite l'idée que nous avons en France du fonctionnaire de ce nom. Loin d'être le président du conseil des notables, il est le membre le moins élevé du conseil, parce que ses fonctions sont essentiellement exécutives. Le maire est l'agent accrédité par l'administration centrale et l'intermédiaire naturel entre la commune et le gouvernement ; aussi a-t-on grand soin de choisir pour cette charge un homme fin, insinuant, habile parleur, ingénieux à défendre ses administrés, à leur éviter des charges, à leur gagner des privilèges. C'est l'avocat d'office de la commune dont il doit présenter toutes les requêtes à l'administration; il est aussi chargé de viser les pétitions des particuliers,ou de légaliser les signatures.

Les ordres de l'administration centrale lui sont directement adressés et il est responsable de leur inexécution, s'il ne prévient pas en temps opportun l'autorité compétente. Il est également chargé de la police et punissable, d'après la loi, si ayant connaissance d'un délit il n'en informe

---

1. Le maire (*Thôn Tru'o'ng* ou *Xa Tru'o'ng*), selon que la commune est qualifiée du caractère *Thôn* ou du caractère *Xa*, s'appelle en langue vulgaire *Ong Xa*.

pas la justice et ne fait pas arrêter les délinquants. Cette responsabilité est d'ailleurs très-souvent inscrite dans le code, notamment en ce qui concerne le service des impôts.

Le maire est le gardien des rôles d'impôt ; il conserve aussi les copies d'ordres et toutes les pièces officielles de l'année courante. Avec le concours du *Hu'o'ng Thân* et du *Hu'o'ng Hao*, notables signataires comme lui des rôles d'impôt, il doit lever les contributions dues à l'État, en donner récépissé aux contribuables et en effectuer le versement au trésor.

Au-dessus du maire et des deux notables précédents, tous trois principalement chargés de l'administration et de l'exécution des affaires publiques, siègent dans les conseils de la commune d'autres notables, dont le nombre varie avec les provinces et qui se partagent la surveillance des affaires de toute nature [1]. Tels sont les gardiens des fonds communaux,

1. Ces notables sont le *Hu'o'ng Ca*, homme influent, patronnant le village auprès des autorités dans les circonstances difficiles ; le *Hu'o'ng Chu*, généralement très considéré pour son grand âge et sa fortune ; le *Hu'o'ng Lé*, homme instruit, présidant aux cérémonies et fêtes dans la pagode consacrée aux affaires communales et au génie protecteur du village ; le *Hu'o'ng Van*, lettré chargé de choisir et de composer les sentences d'ornementation dont on fait usage dans les fêtes ; le *Hu'o'ng Shu'*, le *Hu'o'ng Chanh*, le *Thu Chi*, le *Thâm Tru'o'ng*, etc.

Nous allons rapidement résumer ici les attributions de quelques-uns des notables majeurs et mineurs, afin de faire mieux saisir l'ensemble de l'organisation communale.

Le *Hu'o'ng Thân*, notable majeur, est choisi parmi les personnes suffisamment lettrées pour expliquer à leurs concitoyens les édits royaux, les arrêtés provinciaux ou locaux, etc. De concert avec le maire et le *Hu'o'ng Hao*, il doit s'occuper de la répartition de l'impôt, arrêter les rôles, aider à la perception et au versement des contributions au trésor provincial. Il est élu par les notables et agréé par l'autorité provinciale, dans les pays où il est pourvu d'un brevet ; l'élection suffit dans les provinces où la coutume répugne à la sanction royale.

Le *Hu'o'ng Hao*, notable majeur, est chargé de contrôler la police municipale dont le maire et les chefs de quartier sont responsables. Dans le cas où le maire, par un empêchement quelconque, ne peut remplir ses fonctions, le *Hu'o'ng Hao* le remplace provisoirement.

11

le conservateur des rôles d'impôt, l'archiviste, l'administrateur de la pagode du village, et plusieurs autres notables majeurs qu'il serait trop long d'énumérer. Leur rang de préséance
ne dépend pas toujours de leur charge mais bien de leur âge,
de leur fortune et des usages locaux.

Au-dessous des notables majeurs sont les notables mineurs,
chefs de quartier, chef de police rurale, surveillant du marché, secrétaire de la commune, de la pagode, etc.

Toutes les affaires intéressant la commune se discutent en
assemblée générale des notables, convoqués par le notable
plus spécialement chargé de l'affaire soumise à leur délibé-
ration. Les notables mineurs assistent aux séances; ils n'y

Le *Thu Bôn*, notable majeur, veille spécialement aux affaires privées
de la commune. Responsable de la caisse communale, il est assisté dans
ses fonctions par deux autres notables, le *Cai Thôn* et le *Thâm Tru'o'ng*.
Sous le contrôle et d'après les avis des notables majeurs, il préside aux
locations des biens communaux et des marchés, dont le produit est
employé par lui, d'abord à payer les impôts arriérés dus par les habitants
de la commune à l'État, ensuite à couvrir les frais des cérémonies et
réjouissances publiques. Il recueille les dons volontaires des habitants et
place l'excédent des recettes en prévision des besoins à venir.

Le *Thu Bô*, grand notable, est le conservateur des anciens rôles
d'impôts. Il conserve aussi les archives du village où sont déposés les
actes des particuliers, quand il n'y a pas de *Thu Chi* spécialement chargé
de ce dernier soin.

Le *Cai Dinh*, grand notable, préside à l'administration de la pagode ;
il est assisté dans ses fonctions par le *Thu Khoan*, le *Câu Du'o'ng* et
le *Thu Bô*. Il reçoit le *Tiên Chèn*, offrande des mariages, s'élevant à
deux francs, si l'un des époux est étranger, et à un franc seulement quand
ils sont tous deux de la commune.

Le *Hu'o'ng Quan*, grand notable honoraire, ancien mandarin retiré
du service, assez rare d'ailleurs dans les communes, assiste le village
de ses conseils et surtout de son influence auprès de l'administration
centrale.

Auprès du maire, dernier des notables majeurs, se place à la tête des
notables mineurs le *Ly Tru'o'ng*, appelé aussi *Pho Ly*, *Pho Xa*, lieutenant du maire ; il est chargé de l'aider dans tout ce qui est relatif à
l'exécution des affaires publiques et communales.

Le *Biên Lai*, secrétaire du maire, chargé de délivrer les récépissés

ont pas voix délibérative. Les réunions ont lieu à la pagode (*Dinh*) de l'esprit protecteur du village, édifice qui sert de maison commune, de salle de théâtre et au besoin de caravansérail pour les voyageurs de distinction.

En résumé, les notables majeurs, y compris le maire, décident de toutes les affaires ; les notables mineurs font exécuter les décisions, sous la direction du maire ou du notable spécialement chargé de l'affaire.

Les notables sont nommés par leurs prédécesseurs encore en fonctions ; la durée de ces fonctions n'est pas déterminée par la coutume, elle varie au gré des usages locaux. La commune est donc un petit État gouverné oligarchiquement par des notables qui recrutent de nouveaux collègues, à mesure

d'impôt, de tenir compte des versements faits au trésor et des dépenses faites pour le compte de la commune.

Le *Cai Binh*, notable mineur qu'on ne trouve que dans les grandes communes, chargé d'assister le maire dans les affaires militaires et de recueillir les subsides destinés à compléter la solde du contigent militaire fourni par la commune.

Le *Biên Dinh*, notable mineur, secrétaire de la pagode.

Le *Tri Lê*, chargé de veiller à l'observance des rites dans les cérémonies et d'y conduire les enfants.

Le *Tri Khach*, notable mineur, chargé de recevoir les hôtes, les notables et les habitants du village dans les banquets donnés dans la pagode communale. Il désigne ceux des habitants qui, dans ce cas, doivent servir et préparer les mets.

Le *Trum Dzich* ou *Trum Viêc* a pour fonctions de transmettre les ordres du maire aux différents chefs de quartier. ·

L'*Ap Tru'o'ng*, chef de quartier, notable mineur, fait exécuter dans son quartier les ordres de la commune. Il est l'auxiliaire du maire pour la perception de l'impôt et pour la police de son quartier.

Le *Cai Thuân*, chef de veille, convoque les habitants qui doivent aller en ronde pendant la nuit, veille à la police rurale dans l'étendue du territoire de la commune.

Le *Cai Thi*, notable mineur, doit maintenir l'ordre dans le marché.

Il faut ajouter à cette énumération, bien qu'ils ne soient pas notables, les *Tru'o'ng*, habitants désignés pour prêter main-forte au maire quand ils en sont requis.

qu'il y a des places vacantes au conseil, ou que les cadres s'élargissent par l'accroissement naturel de la population.

Le maire est élu par les notables ; il peut se retirer au bout d'un an, mais généralement il reste en charge pendant un nombre d'années à peu près indéfini. Ses fonctions sont obligatoires, au moins pendant la première année de l'élection. Avant de devenir notable majeur il faut presque toujours passer par la charge de maire.

Le résultat de l'élection d'une commune, présenté à l'administrateur de la circonscription par le chef de canton et des notables délégués, est soumis à l'approbation du chef du service administratif. Quelques jours plus tard, conformément aux ordres de l'autorité provinciale, le préfet ou le sous-préfet remet à l'élu de l'assemblée communale son brevet de nomination (*Ban Cap*) et le sceau en bois, insigne de sa charge.

La conciliation de procès dans la commune se fait par l'arbitrage des notables majeurs qu'il plaît aux habitants de choisir pour juges.

Les querelles ou insultes non suivies de coups, les contraventions de peu d'importance, sont réglées oralement par les chefs de quartier, qui ont le droit de punir les coupables et de leur infliger de un à cinq coups de rotin. S'il s'agit de coups sans blessures, de délits légers, la connaissance en appartient aux notables majeurs, qui prononcent la peine et font appliquer aux délinquants par un notable mineur, de dix à vingt coups de rotin.

S'il y a blessures, s'il s'agit de délits prévus par la loi, le maire doit amener les coupables devant le tribunal de la circonscription. Le plaignant doit s'assurer d'abord de pouvoir faire la preuve de la réalité du grief dont il se plaint, s'il ne veut s'exposer à être jugé et puni pour plainte fausse ou calomnieuse.

Le chef de canton est le conciliateur naturel des affaires que les chefs de famille ou les notables n'ont pu parvenir à arranger. Les parties sont libres de se soumettre à son arbitrage ou de provoquer une sentence du tribunal.

Pour plaider devant les chefs de canton, les plaideurs doivent déposer chacun trois ligatures[1] ; mais en réalité les épices sont souvent de cinq à dix ligatures. De même, devant les notables, les parties doivent apporter deux ligatures pour les épices ; mais, en réalité, il est d'usage d'apporter trois et même quatre ligatures. La partie gagnante a le droit de retirer son argent, mais la somme déposée par la partie perdante est définitivement acquise au juge.

Ces frais de procédure, d'ailleurs très minimes, sont nécessaires pour mettre un frein à l'humeur processive des gens. On peut les regarder comme une légitime compensation du temps perdu par les juges inférieurs, notables ou chef de canton élus par la population. Ils sont du reste tellement insignifiants qu'à vrai dire, au pays d'Annam, l'on peut considérer la justice comme rendue gratuitement à tous les degrés de juridiction.

Cette justice gratuite et rapide, suffisamment éclairée en somme par le droit, est très supérieure, pour ce peuple dont l'état économique est encore rudimentaire, à la justice savante mais lente des Occidentaux. D'ailleurs, telle organisation judiciaire que nos mœurs tolèrent, ne pourrait être pratiquée chez des peuples de civilisation différente. Aussi, dans l'intérêt de la domination française en Basse-Cochinchine, ne devons-nous pas oublier que le peuple conquis tient à être jugé comme il avait l'habitude de l'être. Le gouvernement français l'a très bien compris ; il a donc laissé aux Annami-

1. La ligature contient 600 sapèques ; elle vaut environ un franc de notre monnaie.

les leurs tribunaux indigènes [1], en créant à côté d'eux des tribunaux français à l'usage de nos nationaux.

Il n'a pas non plus touché à leur organisation municipale si ancienne, si originale et si libre, dont le fonctionnement régulier décharge l'État d'une infinité de minutieux détails. En agissant autrement, le conquérant eût désorganisé le pays et profondément mécontenté les populations

[1]. L'organisation de la justice dans notre colonie est réglée par un remarquable décret, rendu en 1861, sur la proposition de M. de Chasseloup-Laubat, ministre de la marine, et rédigé textuellement sur le rapport de M. le capitaine de vaisseau d'Aries, plus tard contre-amiral, qui s'était livré à une étude approfondie de l'organisation politique du peuple annamite, pendant qu'il gouvernait la province de Mi Tho.

CHAPITRE VIII

En Annam, il est impossible de connaître le chiffre exact des revenus de l'État, parce que les documents relatifs au rendement des impôts ne sont jamais communiqués au public, bien que fournis tous les mois, par chaque province, au ministère des finances (*Bô Hô*).

Les Annamites ont des impôts directs et des impôts indirects : la contribution personnelle, l'impôt foncier appartiennent à la première catégorie ; les revenus des douanes, les droits de navigation, la ferme de l'opium [1] et divers autres produits en régie sont de la seconde. Nous ne parlerons que des impôts directs, sur lesquels les archives des provinces conquises nous ont fourni d'abondants renseignements.

Pour établir les rôles de l'impôt personnel, on prépare tous les cinq ans, dans chaque commune, un recensement de la partie de la population qui doit le payer. Les contribuables à inscrire aux rôles sont divisés en trois catégories : 1º

---

1. L'usage de l'opium était autrefois absolument interdit par le roi dans l'empire d'Annam. Après la conquête, le gouvernement français, reconnaissant qu'il était impossible d'empêcher les Annamites de se livrer clandestinement à leur funeste passion, autorisa l'usage de l'opium, en affermant le monopole de la vente. Pour modérer un commerce de contrebande, qui prenait déjà un développement considérable, les Annamites ont récemment imité notre exemple et concédé le même privilège à des marchands chinois de Saigon, qui sont autorisés à vendre dans les provinces voisines de notre frontière.

les hommes âgés de 20 à 55 ans, qui supportent l'impôt
complet, le service militaire et la corvée, et forment ce que
les Annamites appellent « la classe des robustes » ; 2° les
hommes exempts du service militaire et de la corvée, mais
astreints à la demi-taxe personnelle, c'est-à-dire les jeunes
gens de 18 à 20 ans ; les courriers et satellites des préfets
et sous-préfets, et les hommes âgés de 55 à 60 ans ou at-
teints d'infirmités récentes ; 3° les habitants exempts de la
contribution personnelle par suite d'indigence, d'infirmités,
ou en vertu de leurs fonctions ; cette catégorie comprend :
les vieillards au-dessus de 60 ans, les infirmes, les dignitaires de la noblesse, les fonctionnaires et employés de
l'État [1].

1. Voici l'énumération des diverses classes comprises dans les trois catégories.

1re catégorie. — *Trang Hang*, classe des hommes robustes, composée
de tous les hommes de 20 à 55 ans, supportant toutes les charges publiques : impôt, service, corvée.

2e catégorie. — *Lao Hang*, classe des vieux, comprenant les hommes
de 55 à 60 ans ; — *Tàn Tat Hang*, classe des infirmes récents, non
reconnus incurables ; — *Dzàn Dinh Hang*, classe des jeunes gens de 18
à 20 ans ; — *Miên Dziêu Hang*, classe exempte de service : ce sont les
courriers, les satellites, les gardiens de monuments ; — *Viên Tu' Hang*,
classe des fils de mandarins, du cinquième degré et au-dessus pour le
civil, du sixième et au-dessus pour le militaire.

3e catégorie. — *Lao Nhiêu Hang*, classe des bénéficiaires de la vieillesse, comprenant les hommes au-dessus de 60 ans ; — *Nhiêu Tàt Hang*,
classe des hommes jouissant de l'immunité accordée à leurs infirmités
déjà constatées ; — *Chu'c Shac Hang*, classe des dignitaires : ce sont
d'abord les membres de la noblesse, ensuite tous les fonctionnaires nommés par brevet royal ; — *Miên Shai Hang*, classe exempte de charges,
comprenant les fils aînés des personnes du dernier ordre de la noblesse et
tous les employés inférieurs de l'administration.

A la suite de ces catégories figurent, pour mémoire, au recensement et
sur les rôles : les *Tu'Hang*, classe des inscrits morts depuis le dernier
recensement ; les *Can An*, inscrits frappés d'une condamnation ; les
Dao Chu Bô, inscrits disparus dans le courant de l'année. Pour chaque
inscrit disparu, la commune désigne un remplaçant qui figure au lieu
et place du véritable contribuable. Si ces déserteurs rentrent dans la com-

Avant le recensement officiel, il est d'abord établi, pour chaque commune, un projet de recensement[1] en triple expédition, répartissant la population inscrite entre les diverses catégories précédemment énumérées. Ce projet doit être achevé avant le dixième mois de l'année du recensement : *Nam Kên*. A cette époque, un envoyé royal (*Kham Mang*), accompagné d'un délégué du ministère (*Kinh Phai*) et de secrétaires en nombre suffisant, arrive dans chaque province, pour présider le bureau chargé de vérifier les mutations survenues dans le personnel des hommes inscrits depuis le dernier recensement.

Les séances de vérification sont publiques. L'envoyé royal, ayant le délégué du ministère à sa droite, le chef du service administratif de la province à sa gauche, reçoit des mains de ses secrétaires la première expédition du projet de recensement de chaque commune, tandis que les deux autres expéditions sont remises à ses assesseurs[2].

On appelle à haute voix le nom d'une commune, dont le maire et les notables sont alors introduits. L'envoyé royal commence par la droite la révision du projet de recensement et dicte à haute voix les mutations qu'il ordonne, approuve ou rejette, après avoir entendu, si besoin est, les observations de la commune ou avoir fait comparaître les inscrits en cause. De leur côté, les deux assesseurs inscrivent les mêmes mutations sur l'expédition qu'ils ont entre les mains, au-dessous du nom de l'inscrit, objet de l'observation.

Lorsque ce travail est terminé pour toute la province, l'en-

mune, ils sont replacés au nombre des inscrits, mais leur remplaçant est maintenu sur les rôles ; l'État bénéficie, dans ce cas, de ce double emploi.

1. *Tuyên Bô*, rôle du choix, du recensement.

2. Quand il y a plusieurs expéditions, elles sont distinguées au moyen des lettres du cycle duodénaire : Giap, At, Binh.

voyé royal rend un édit (*Thi Ha*), particulier pour chaque commune, portant classification des contribuables telle qu'elle résulte des mutations et corrections sanctionnées au cours de la séance de recensement.

Cet édit, dont chaque commune emporte une expédition, lui sert, au dixième mois de la même année, à dresser le rôle d'impôt personnel (*Dinh Bô*), conformément à la classification des catégories arrêtée par l'envoyé royal. La commune doit dresser ce rôle à ses frais. Elle établit, à cette fin, un projet signé par le maire et les deux notables spécialement commis à ce soin, et contresigné par les chef et sous-chef de canton, et elle le présente à la vérification du chef du service administratif.

Les bureaux de la province s'assurent, en relevant tous les noms inscrits, si la commune s'est conformée à la classification officielle ; ils examinent si la somme imposée à chaque contribuable est conforme au tarif, et vérifient l'exactitude des totaux généraux. La commune fait dresser une copie au net du projet ainsi contrôlé, et la remet au chef du service administratif.

Lorsque ce travail est terminé dans toutes les communes, les bureaux de la province dressent, en double expédition, un rôle par arrondissement. Chacune de ces expéditions, à couverture jaune (*Huinh Bi*), reproduit *in extenso* la copie des rôles de toutes les communes de l'arrondissement. Dressées au nom du gouverneur, elles sont transmises au ministère qui renvoie les deux expéditions à la province avec l'approbation et les sceaux officiels.

D'autre part, le chef du service administratif fait apposer ses sceaux sur le rôle dressé par chaque commune, qui, dès ce moment, devient exécutoire. La commune est responsable du versement intégral de l'impôt au Trésor : elle doit donc percevoir, conformément au rôle, le montant de la cote personnelle de chacun des habitants qui y sont inscrits, et délivrer récépissé de la somme perçue.

Le rôle de l'année de recensement est dit *rôle de grande correction* [1]. La commune dresse un rôle d'impôt dit de *petite correction* [2], soumis aux formalités précédemment exposées, le dixième mois de chacune des quatre années qui suivent et précèdent les quatre années de recensement.

Dans ces rôles supplémentaires sont mentionnés seulement les noms de ceux des inscrits qui, pour des causes majeures, telles que la mort, l'absence, la condamnation pénale, seront l'objet d'une mutation forcée au rôle de grande correction. Les mutations pour cause d'infirmité, d'âge ou tout autre motif facile à contrôler, ne peuvent être autorisées qu'au recensement suivant. En attendant cette révision, les intéressés continuent de payer l'impôt sur la base fixée par le dernier recensement.

En principe, tout homme possédant quelque bien dans la commune, et y exerçant un métier qui lui procure une certaine aisance, doit être inscrit à la contribution personnelle. Le nombre des inscrits d'une commune ne doit jamais diminuer. Toute perte d'inscrit, par cas de force majeure, tel que la mort, l'absence, les condamnations, doit être signalée par la commune, dans un mémoire qui renferme en même temps le nom d'un nouvel inscrit proposé en remplacement de l'inscrit disparu. La commune est responsable de l'impôt que devait l'inscrit figurant au rôle de l'année courante, même dans le cas où cet inscrit serait mort avant que la perception ait eu lieu.

1. *Dai Tu Dinh Bô.*
2. *Tiêu Tu Dinh Bô.*

La contribution personnelle comprend la capitation[1], correspondant à une ligature[2] et quatre décimes par personne, si le village a des terrains communaux, et à une ligature trois décimes s'il n'a pas de communaux ; et le décime des liens[3], imposé en compensation des pertes que les magasins de l'État éprouvent, lorsque vient à se rompre le lien sur lequel sont enfilées les six cents sapèques de la ligature.

L'inscription joue un grand rôle dans l'organisation politique des Annamites, car nous avons vu que les obligations militaires et les corvées pesaient sur les inscrits robustes de chaque village ; et c'est sur l'ensemble des inscrits que sont choisis les notables majeurs et mineurs, mandataires de la commune et chargés de son administration[4].

La classe des hommes robustes, parmi les classes inscrites, est la seule qui fournisse les soldats, les courriers et les satellites. Chaque commune doit un contingent de soldats, sauf le cas où elle est dispensée de cette obligation, parce qu'elle entretient un relais de courriers, ou parce qu'étant le lieu de résidence d'un préfet ou d'un sous-préfet, elle donne à ce fonctionnaire des satellites pour sa garde.

Les règles de recrutement ont d'ailleurs varié avec les besoins militaires de l'État. Sous Gia Long, le nombre des soldats levés était d'un homme robuste sur huit ; sous Minh

1. *Thân Tiên*, argent du corps.
2. La ligature est composée de six cent sapèques de zinc, percées d'un trou carré au centre et enfilées sur un lien ou corde en rotin, d'où l'expression « ligature » adoptée par les Français. La ligature se divise en dixièmes, appelés *Tiên*, chacun de ces dixièmes vaut soixante sapèques. A notre arrivée en Cochinchine, la ligature valait un franc.
3. *Mang Tiên*, argent des liens.
4. Cette règle souffre une exception. Ceux qui passent dans la classe des vieillards exempts d'impôt, sont inscrits pour la dernière fois à l'âge de soixante ans. Or, au recensement suivant, ils ne figurent plus parmi les inscrits et n'en continuent pas moins à prendre place parmi les notables.

Mang, le contingent fut porté à un homme sur cinq ; Tu Duc a abaissé ce chiffre à un homme sur sept [1].

Si le nombre des inscrits n'est pas un multiple exact de sept, la commune bénéficie de l'excédent, c'est-à-dire que pour quarante-huit inscrits, elle ne doit que six hommes, absolument comme si elle ne comptait que quarante-deux robustes. Les engagés volontaires ne viennent pas en déduction du contingent dû par les communes.

L'obligation du service militaire n'est pas réglée par la voie du tirage au sort. Les habitants de la commune doivent s'entendre avec les inscrits qui veulent bien accepter le service; généralement elles leur font une rente pour toute la durée du service, ou bien elles abandonnent à leurs familles la jouissance d'une certaine quantité de terres communales [2]. L'usage veut que les communes choisissent les inscrits, pour le service militaire, dans les familles nombreuses ; il n'est pas permis au fils unique de quitter ses parents pour se faire soldat.

L'État n'intervient pas dans les conventions passées entre les inscrits partants et les communes ; il se contente de refuser tout homme qui n'a pas les aptitudes physiques nécessaires au métier de soldat. Dans les provinces de la Basse-Cochinchine, les communes donnaient autrefois de 100 à 120 ligatures par an à un soldat ; les communes pauvres ne leur assuraient guère que 60 à 80 ligatures.

1. Dans la Basse-Cochinchine, le gouvernement français, pour recruter les troupes indigènes, ne lève qu'un homme sur quinze inscrits de la classe des robustes.

2. Les terres communales (*Cong Dién*) ont été léguées aux communes par des particuliers ou donnés par l'État, dans le but de subvenir aux frais du service militaire. Il est évident que l'aliénation de l'usufruit, en faveur du service militaire, pendant un temps très long, ne tombe pas sous la prohibition du décret de *Minh Mang*.

La solde annuelle, donnée par l'État à chaque soldat, est de 12 ligatures, auxquelles on ajoute l'habillement et 12 mesures de riz (de 35 litres [1]).

Après dix ans de service, le soldat rentre chez lui; il n'est plus assujetti alors qu'à la demi-capitation. S'il sert vingt ans, il est désormais exempt de tout impôt. Tout sergent qui, après un certain nombre d'années d'essai, a obtenu un brevet royal de son grade, peut rester au service aussi longtemps qu'il lui plaît. Tant qu'il est présent au corps [2], il compte dans le contingent fourni par sa commune.

Les travaux publics sont généralement faits par corvée. La loi ne fixe pas le nombre des jours de corvée, elle se borne à interdire aux mandarins de les requérir sans utilité, ou de les employer pour leur service personnel, sous peine du bâton ou autres châtiments plus graves; elle défend, en outre, de les exiger aux époques où tous les bras sont nécessaires à l'agriculture.

Les grands travaux d'utilité publique sont entrepris après approbation des propositions présentées par les gouverneurs généraux au ministère. Les travaux d'entretien ou les travaux neufs de peu d'importance sont, au contraire, directement ordonnés par les autorités provinciales. Le contingent de journées à fournir par chaque commune est fixé par l'autorité supérieure, proportionnellement au nombre des inscrits. Le maire et les notables mineurs spéciaux conduisent les travailleurs à la corvée et les y surveillent. Tout inscrit

1. La solde et la ration sont décomptées par journées; les permissionnaires et le ban qui n'est pas au corps ne touchent rien. En temps de paix l'armée est divisée en deux ou trois bans, qui servent à tour de rôle, à l'exception des officiers.

2. Il n'est renvoyé que pour cause d'infirmité ou de vieillesse; en Annam, il n'existe de pension de retraite pour aucune classe de fonctionnaires.

corvéable a d'ailleurs le droit de se faire remplacer par un serviteur.

Les Chinois, les métis des deux races et les membres des corporations sont soumis, comme les Annamites eux-mêmes, à l'impôt personnel. Les Chinois ont de tout temps émigré en Cochinchine. Ce mouvement d'ailleurs est facilité, en ces climats, par la direction constante des vents des deux moussons contraires [1]. Pour les Chinois, émigrer en Cochinchine ce n'est pas changer de patrie ; l'Annam à leurs yeux fait toujours partie du grand empire. Ils y trouvent, à quelques légères différences près, les mêmes mœurs, la même loi et la même organisation judiciaire qu'en Chine. Les deux peuples sont frères en morale et en littérature, la langue vulgaire annamite n'étant qu'un des nombreux dialectes vulgaires de la Chine, dont l'Annam est une colonie tropicale, où ils viennent faire leur fortune.

Ils sont jugés par les lois et jouissent des droits civils des Annamites ; ils peuvent donc acquérir et aliéner sous la protection des tribunaux. Soumis à toutes les juridictions territoriales, préfets, sous-préfets, maires, ils sont plus particulièrement placés sous la surveillance du chef du service administratif de la province où ils résident.

Le gouvernement annamite sentant quelles difficultés il y aurait à faire vivre les Chinois dans les mêmes municipalités que les Annamites, leur permet de former des sociétés particulières (*Bang*), appelées congrégations par les Français.

---

1. De nos jours (1878) les Chinois émigrent en grande quantité dans notre colonie de Basse-Cochinchine. Le passage de Canton à Saïgon ne dure que quatre jours et coûte vingt francs à l'émigrant. Il y a là, pour nous, dans l'avenir, un précieux élément de colonisation. Tout planteur européen, possesseur de capitaux suffisants, est sûr de trouver dans notre colonie des terres et des coolies en abondance.

Dans chaque province, il y a autant de congrégations que de Chinois de langues différentes.

Ainsi les Chinois de la langue du *Fo Kien* forment une congrégation séparée de celle des Chinois de la langue de *Canton*. Dans le cas où le nombre des Chinois de langue différente est trop faible pour fournir des congrégations distinctes dans une même province, le gouvernement les groupe en une seule congrégation comprenant plusieurs langues.

Par contre, si le nombre des Chinois d'une même langue est trop grand pour qu'on les réunisse en une seule congrégation, on les divise en plusieurs sous-congrégations, correspondant aux divers districts de la province de Chine, dont ils sont originaires.

Chaque congrégation a un chef (*Bang Tru'o'ng*), élu, sur l'ordre du chef du service administratif, par les notables commerçants les plus riches de l'association. Ce choix est soumis à l'agrément de l'autorité provinciale.

Le chef de congrégation joue, à l'égard des membres de la congrégation et de l'administration un rôle analogue à celui qui appartient au maire annamite placé entre l'État et la commune. Mais, comme les Chinois vivent dispersés dans tous les villages de la province, ils sont, en outre de sa surveillance, soumis à la police directe de la commune dans laquelle ils résident.

Le chef de congrégation concilie les affaires litigieuses de ses compatriotes ; il est leur avocat officiel auprès de l'administration provinciale, et prend au besoin leur défense contre les communes ou les administrateurs de district qui voudraient les opprimer.

L'émigration chinoise échappe à la règle du dénombrement quinquennal. Pour elle, « l'année de recensement » n'existe pas. Le mouvement de cette population étrangère

est trop rapide, trop irrégulier, pour n'être constaté que tous
les cinq ans. Chaque année, au dixième mois, époque où le
rôle de la contribution personnelle des communes est arrêté,
les chefs de congrégations sont appelés au chef-lieu de la
province. Ils dressent un projet de rôle donnant exactement
le nom et l'âge de tous les membres de leur société.

Ce projet, vérifié dans les bureaux, sert à établir les rôles
de la contribution personnelle, comme pour les communes
annamites.

En ce qui concerne l'impôt, les Chinois sont divisés en
deux classes seulement : 1° la classe des hommes pouvant
payer l'impôt complet [1] comprenant ceux qui possèdent des
biens ou qui exercent une profession lucrative ; 2° la classe
des hommes payant le demi-impôt, dans laquelle on inscrit
tous ceux qui n'ont pas encore une position assurée [2]. Pour
favoriser l'émigration, le gouvernement annamite n'exige
qu'un demi-impôt seulement, pendant les trois premières
années que l'émigrant passe en Cochinchine. Après ce délai, il doit être en mesure de payer l'impôt complet. Les Chinois âgés de soixante ans sont dispensés de toute contribution.

Le taux annuel de la contribution personnelle est fixé à
deux onces d'argent pour les hommes de la première classe,
et à une once seulement pour ceux de la deuxième.

Les Chinois qui viennent s'établir en Cochinchine n'amè-
nent pas de femmes ; ils prennent des femmes annamites et
engendrent une race de métis, appelée Minh Hu'o'ng.

Pour augmenter la population du pays et faire de ces métis
une race plutôt annamite que chinoise, le gouvernement,
dans des vues pleines de sagesse, les a détachés de la con-

1. *Hu'u Vât Lu'c Hang.*
2. *Vô Vât Lu'c Hang.*

grégation de leurs pères et les a groupés, dans chaque province, en une communauté spéciale. Il leur a conservé, à titre de privilège, l'exemption du service militaire et de la corvée, et les a astreints à payer la moitié de l'impôt fixé pour les Chinois. En outre, il leur reconnaît les mêmes droits politiques qu'aux Annamites, et les admet à toutes les charges du royaume, faveur qui n'a jamais été accordée à des Chinois.

Par suite d'une fiction administrative, tous les métis dispersés dans les villages d'une même province forment une seule commune[1].

Le maire des métis joue à leur égard un rôle analogue à celui du chef de congrégation, mais il est assisté d'un conseil communal et soumis au contrôle des notables. La communauté participe au recensement quinquennal ; elle établit ses rôles de contribution personnelle dans la même forme que les Annamites ; il n'y a que le tarif d'impôt qui soit changé.

En vue de favoriser une industrie encore en enfance, le gouvernement autorise quelquefois la formation de corporations de métiers[2]. Tout homme est libre d'exercer le métier qui lui plaît ; tout artisan est également libre de ne pas faire partie des corporations qui n'ont point le caractère et ne jouissent pas des privilèges exclusifs qu'elles avaient chez nous avant la Révolution. Les artisans qui veulent se dispenser du service militaire et de la corvée se réunissent, avec l'agrément du chef de la province, pour former des corporations et choisissent un chef (*Cuôc Tru'o'ng*). Celui-ci doit,

---

1. *Minh Hu'o'ng Xa.*

2. On m'a assuré qu'il n'y avait plus de corporations en Annam : je n'ai pu vérifier le fait, mais le gouvernement annamite, qui ne se préoccupe jamais de rendre son administration uniforme, n'a certainement pas supprimé les corporations dans tout l'empire.

tous les ans, présenter au chef de l'administration provinciale un rôle contenant le nom, l'âge, le lieu de naissance de chaque membre de la corporation, le taux de l'impôt individuel et le produit total de la corporation. Chacune de ces associations ouvrières tire son nom du métier qu'exercent ses membres : il y a des corporations d'orfèvres, de tisserands, de forgerons, de charpentiers.

Les chefs de corporation sont assimilés aux employés militaires de la deuxième classe du neuvième degré. C'est par leur intermédiaire qu'est perçu et versé l'impôt, et que passent les commandes de l'État, toujours exécutées à un prix fixé d'avance au rabais.

L'impôt est de six 'igatures par homme, soit environ cinq fois l'impôt des inscrits ordinaires. Les tisseurs de soie payent en nature ; l'étoffe est versée au magasin provincial et envoyée à Huê pour les usages de la cour.

S'il est relativement facile de classer et de recenser à nouveau tous les cinq ans la population de l'empire, il est par contre impossible de refaire aussi souvent le cadastre. On se contente de le tenir à peu près au courant au moyen d'additions et de mutations annuelles.

Le cadastre a dû être établi à des époques très différentes dans les diverses provinces de l'empire. En Basse-Cochinchine, complètement soumise par les Annamites dès 1758, il n'a jamais été fait qu'un recensement de la propriété foncière. Ce fut un envoyé royal [1], haut personnage, éminence du deuxième degré, qui fit procéder à ce travail compliqué. On retrouve encore, dans ceux des villages de notre colonie dont les archives n'ont pas été détruites par la guerre, le rôle du cadastre ou classification des terres (*Dia Bô*), et la tradition a conservé le souvenir de cette importante opération.

1. *Kham Mang.*

L'envoyé royal arriva à Saigon, suivi d'une foule de mandarins de rang élevé, délégués du ministère de l'intérieur (*Kinh Phai*), qu'on appelait, à cause de la circonstance : mandarins cadastreurs [1]. Il distribua les opérations par province et par département à ses auxiliaires. Ceux-ci, s'adjoignant le personnel des services de la province, procédèrent au mesurage de chaque parcelle, en présence des propriétaires intéressés, des autorités communales, des chefs de canton et du sous-préfet de la localité. Chaque commune fut obligée de dresser, à ses frais, un cahier, en triple expédition, contenant les résultats du mesurage des terres. Ce cahier donnait par catégories de cultures l'origine de la propriété de chaque parcelle, sa contenance, la description de ses limites et le nom de son propriétaire. C'est ce cahier, daté de la dix-septième année de Minh Mang, qui sert encore de base à tous les rôles d'impôt foncier. Bien que le mesurage ait été fait par les soins de l'État, c'est au nom de la commune elle-même que tous les renseignements afférents à chaque parcelle y sont donnés. Les mandarins, délégués de la capitale, n'ont fait que contre-signer, avec les autres agents de l'administration, les déclarations faites par la commune, d'après les mesures obtenues par les cadastreurs.

Depuis cette époque, le cadastre n'a jamais été refait; les parcelles ont changé de propriétaire, subi des retranchements ou reçu des additions. Le genre de culture même a varié, et tel champ, qui n'était qu'une rizière sous Minh Mang, est aujourd'hui une magnifique plantation d'aréquiers.

La dix-huitième année du règne de Minh Mang, pour dresser en Basse-Cochinchine le premier rôle d'impôt foncier

---

1. *Dat Dièn Quan* ; l'expression : *Kinh Phai* signifie, mot à mot : *Envoyé de la capitale.*

de grande correction [1], on prit pour base le cadastre et on
la suivit scrupuleusement par nature de culture et par parcelles, en plaçant le taux de l'impôt et le nom du propriétaire
en regard de chaque parcelle mesurée.

Trois ans plus tard, sous Thieû Tri, la première année du
règne étant une année de recensement, les rôles d'impôt
foncier de grande correction furent refaits au dixième mois;
on y inscrivit les mutations survenues depuis la création du
cadastre. Les années intermédiaires, jusqu'au recensement
suivant, furent remplies, par analogie avec l'impôt personnel, par des rôles de petite correction [2].

En résumé, on voit donc que dans toutes les années de
recensement on établit, au dixième mois, un rôle d'impôt
foncier de grande correction. Ce rôle reproduit la classification première des terres, sauf les mutations consacrées dans
les précédents recensements et celles qui restent à examiner
ou à confirmer. Ces dernières sont inscrites aux rôles de
petite correction des années intermédiaires ou consignées
dans les pétitions de l'année courante.

Ces pétitions ou réclamations sont naturellement nombreuses, la propriété pouvant changer de main par héritage,
par donation, par aliénation ou bien par suite d'abandon ou
déshérence, auquel cas elle fait retour à l'État. Les demandes de mutation sont établies en double expédition [3] par les
intéressés, certifiées par l'administration de la commune et
soumises à l'approbation du chef de l'administration provinciale. Elles sont, au besoin, renvoyées pour vérification au
préfet ou au sous-préfet compétent.

Dans les territoires communaux qui renferment des forêts

1. *Dai Tu Diên Bô.*
2. *Tiêu Tu Diên Bô.*
3. Parce que l'une reste aux archives, tandis que l'autre est rendue à
l'intéressé avec la décision de l'autorité.

et des terres incultes[1] dont la population entreprend le défrichement, ceux qui cultivent ont intérêt à faire constater la nouvelle propriété par l'inscription au rôle d'impôt. La loi les y oblige d'ailleurs, et les moyens coercitifs varient depuis l'amende jusqu'à la confiscation, sans préjudice de la peine du bâton encourue pour avoir soustrait des terres à l'impôt. Il y a là une nouvelle source de demandes de mutations au rôle, qui nécessitent toujours une vérification préalable sur les lieux.

L'impôt foncier varie avec la nature des cultures.

Les rizières sont divisées en deux classes : les rizières herbeuses (*Thao Diên*) sont les meilleures ; elles payent une mesure de 71 litres de riz non décortiqué, par *Mâu* de superficie équivalant à 63 ares.

Les rizières élevées (*Shon Diên*), dont le sol au niveau de la plaine est moins facile à arroser, payent 63 litres seulement par unité de superficie. Il faut ajouter à cette redevance un impôt[2] de trois décimes de ligature par unité de surface, pour compenser les pertes qui se produisent dans les magasins de l'État, où l'impôt des rizières est conservé en nature.

Quant à l'impôt des autres catégories de cultures, poivre, indigo, canne à sucre, bétel, légumes, cocotiers, aréquiers, palmiers d'eau, le tarif varie depuis dix ligatures par unité

---

1. Les forêts, les terres incultes ou abondonnées appartiennent de droit à l'État ; le premier occupant fait ces terres siennes par la mise en culture.

2. Cet impôt supplémentaire s'appelle *Thap Vât*. On peut estimer la valeur de l'impôt foncier à 5 fr. 80 c. (cinq francs quatre-vingts centimes) par unité de 63 ares pour les rizières de première classe, et à 5 fr. 30 c. (cinq francs trente centimes) pour les rizières de la deuxième classe. Pour faire cette estimation nous prenons comme base le plus haut prix, que le riz non décortiqué puisse atteindre.

de superficie pour lepoivre, jusqu'à quatre décimes de ligatures pour les palmiers d'eau [1].

Les rôles d'impôt foncier sont établis tous les ans, avec le concours de l'administration, en suivant des formalités analogues à celles qui accompagnent l'établissement de l'impôt personnel. Des rôles d'arrondissement, à couverture jaune [2] sont également envoyés au ministère.

Les communes doivent faire figurer, en tête de chaque catégorie de cultures, les terres communales qui appartiennent à cette catégorie. La propriété communale est ordinairement constituée en rizières. Dans ce cas, elles figurent au rôle sous la rubrique de rizières publiques, quelquefois aussi sous la rubrique de rizières communales [3]. Ces désignations ne sont pas indifférentes ; la qualification des premières doit être appliquée aux rizières dont la commune ne peut aliéner la nue propriété, parce qu'elles proviennent du don des particuliers ou de l'Etat, et que ceux-ci sont censés

1. Voici l'énumération des principales cultures et le taux de l'impôt pour chacune d'elles :

Viên Tiêu Thô : terre du jardin à poivre ; dix ligatures par mare.

Tang Can Thô : terres à mûriers ; deux ligatures.

Dzan Cu' Thô : terrain d'habitation (ville ou village) ; deux ligatures.

Cam Gia Thô : terrain de cannes à sucre ; deux ligatures.

Viên Phu Thô : terrain cultivé en bétel ; une ligature quatre dixièmes.

Viên Lang Thô : terrains consacrés aux plantations de cocotiers et d'aréquiers ; une ligature quatre dixièmes.

Vu Dâu Thô : terrains à légumes de toutes sortes, arachides, coton, indigo, tabac, etc. ; huit dixièmes.

Tho Trach : terrain d'habitation, cour et jardin ; huit dixièmes.

Thanh Tru'o'c : terrain planté de bambous ; quatre dixièmes.

Dza Dziêp Thô : terrain planté de palmiers d'eau, dont la feuille sert à couvrir les paillottes ; quatre dixièmes.

Tel était le taux de l'impôt appliqué aux diverses cultures en Basse-Cochinchine, d'après les cahiers d'impôt antérieurs à la conquête.

2. Huình Bi, peau jaune.

3. Cong Diên, rizières publiques ; Bôn Tôn Diên, rizières communales ; Tu Diên, rizières des particuliers.

avoir voulu créer une source perpétuelle ; Minh Mang a consacré cette jurisprudence. La seconde qualification s'applique au contraire à la propriété privée de la commune, acquise des propres deniers de la caisse municipale, et le plus souvent comme placement de fonds. Ce dernier genre de rizières ne provenant ni des dons de l'État, ni de ceux des particuliers, peut évidemment être aliéné, si la commune en a besoin.

La coutume permet aux communes d'ajouter des décimes à l'impôt foncier ; mais, l'État n'ayant à exercer aucun contrôle sur les affaires intérieures de la commune, il n'en est point fait mention sur les rôles. En percevant la cote foncière de chaque habitant, le maire doit exiger le nombre de décimes supplémentaires par unité de superficie, conformément à la décision des notables. Généralement il n'est ajouté de décimes qu'à l'impôt des rizières, et la décision est connue et acceptée de bon gré par les habitants, parce que les notables sont presque toujours les plus imposés.

Nous avons dit que, dans l'Annam, le municipe est le percepteur responsable de l'impôt de chaque commune. L'agent officiel de la perception est le maire, assisté de deux notables majeurs [1]. Le code punit de diverses peines les irrégularités ou les délits que le maire peut commettre dans le recouvrement des impôts.

L'impôt perçu est versé par les soins de la commune au trésor provincial. Les monnaies d'argent, les lingots, sont vérifiés dans chaque province par le chef de la corporation des orfèvres, responsable sur ses biens de la valeur des espèces reçues. Quant aux versements en sapèques de zinc [2],

---

1. Le *Hu'o'ng Thân* et le *Hu'o'ng Hao.*

2. Il est difficile de donner une idée exacte de cette monnaie de billon, monnaie courante de l'empire, où l'or et l'argent sont très rares. Elle est

le dol sur la matière étant à peu près impossible, on exige seulement que les ligatures soient arrangées par paquets de dix et composées chacune de six cent quatre sapèques. Ces quatre sapèques supplémentaires sont destinés à compenser les frais de cette monnaie fragile.

Le magasin provincial ou trésor est confié à un mandarin subalterne, remplissant le rôle de trésorier [1]; il est assisté d'un mandarin militaire, chargé, avec sa compagnie, de la garde du magasin.

Le chef du service administratif établit les rôles d'impôt contradictoirement avec les communes, mais ce n'est pas lui qui en perçoit le montant. Il exerce seulement un contrôle journalier sur le trésorier; ce dernier et le chef de la garde sont seuls responsables de la caisse et des objets en nature, armes, munitions, vêtements, matières de toute sorte déposés dans les magasins.

Aucune recette ne peut être effectuée par le trésorier, sans un rôle exécutoire ou un ordre de recette; aucun payement ni aucune délivrance de matériel ne peut avoir lieu qu'en vertu d'un mandat de payement ou d'un ordre de délivrer signé par le chef du service administratif. Toutes les recettes ou les dépenses en espèces, entrées ou sorties de matières, doivent être relatées sur les livres. La comptabilité se compose, pour les recettes, par exemple, d'un journal [2] et d'un livre récapitulatif totalisant les recettes, jour par

extrêmement lourde et incommode, puisque quatre cents ligatures, qui valent environ quatre cents francs, occupent un mètre cube.

1. Son titre est : *Chu Thu Thưong Viên* (chef surveillant des magasins), que nous avons remplacé par celui de trésorier ; il est assisté d'un *Doi* (chef de compagnie), commandant la garde du magasin et prenant le titre de *Diên Thu,* (surveillant des règlements); en fait, ce militaire exerce un contrôle sur les entrées et les sorties du magasin.

2. Pour la recette de l'impôt foncier, par exemple, chaque maire renant faire son versement se présente au magasin, où se trouve un extrait

jour, et par nature de produits. Ces livres sont présentés tous les soirs au visa du chef du service administratif. Le trésorier envoie de plus, chaque mois, au ministère des finances, un état de situation du magasin. Enfin, outre le gouverneur et le chef du service administratif, qui ont le devoir de vérifier l'état du magasin, il est souvent envoyé de Hué des inspecteurs [1] chargés de vérifier la comptabilité. Les *déficits* retombent, d'après la loi, sur le trésorier et sur le chef de la garde. Le chef du service administratif est aussi punissable, s'il est reconnu coupable de connivence ou même de négligence dans le contrôle. Les *trop perçu* sont également punis.

On comprend, par ce qui précède, que le vol des deniers de l'État est très difficile. C'est donc un préjugé de croire que la dilapidation des deniers publics ruine l'empire annamite. En réalité, le trésor n'est pas riche, non point parce que les agents sont infidèles, mais parce que le pays est pauvre, et que l'impôt est d'un faible produit.

Il est presque impossible de connaître exactement le revenu d'un État qui ne publie pas son budget. Cependant, on peut l'évaluer avec une approximation suffisante, si, connaissant le revenu d'une partie de l'empire, on applique cette donnée à l'ensemble de ses provinces.

Il résulte de nos recherches et de nos calculs que l'impôt direct des six provinces de la Basse-Cochinchine ne produisait guère jadis au delà de trois millions, sous le régime

officiel du rôle de son village. Le versement s'effectue, conformément au rôle, et immédiatement est enregistré au journal des recettes. Ce journal est signé par la partie qui fait le verseu. 't, par le trésorier, par le chef de la garde et par celui des commis qui a inscrit la recette. Le trésorier donne ensuite reçu au maire du versement effectué.

1. L'inspecteur est assisté d'une commission ; il porte le titre de *Đông Ly Tra* (présidant à l'examen d'apurement).

annamite. D'autre part, les revenus indirects étaient très-
faibles, l'industrie étant en enfance, l'agriculture pauvre, le
commerce presque nul. On est donc sûr d'être plutôt au-dessus
qu'au-dessous de la vérité, en portant le revenu des impôts
indirects au double de celui de l'impôt direct. Dans cette hypothèse, l'impôt total des six provinces ne devait pas dépasser
neuf millions. Or, la Basse-Cochinchine passe pour une des
contrées les plus fertiles de l'Annam. Donc, en fixant à un
million et demi le revenu de chacune des provinces de l'empire, on obtient une moyenne évidemment élevée. A ce compte,
le revenu des vingt-cinq provinces de l'empire ne dépasse-
rait pas une quarantaine de millions, chiffre infime, mais qui
suffit à expliquer la faiblesse politique et le peu d'importance du royaume. Il ne faut pas oublier d'ailleurs que les
fonctionnaires ont des traitements dérisoires, que l'armée
n'est presque pas soldée [1], et que les travaux publics sont
faits par corvée. On comprendra alors comment une somme
aussi faible peut suffire à l'administration d'un pays aussi
étendu.

1. L'armée annamite reçoit la ration de riz et l'habillement ; l'armement
se compose de piques, de lances, de sabres ; quelques pierriers représentent toute l'artillerie de campagne.

Un soldat annamite, en Basse-Cochinchine, coûte annuellement à la
France 240 francs de nourriture et d'habillement ; il ne coûte pas 50 francs
à la cour de Huê (Voir p. 178).

CHAPITRE IX

CULTE DES ANCÊTRES

Avant d'entreprendre l'étude de l'organisation de la famille annamite, dans laquelle les idées religieuses jouent un rôle prépondérant, il est nécessaire de donner ici un aperçu du culte des ancêtres. A ce propos, il ne sera pas inutile de parler d'abord des idées des Hindous sur les devoirs des descendants envers leurs aïeux.

Les Hindous ont une croyance singulière, sur laquelle repose entièrement leur droit de succession, c'est que tout homme, pour être heureux dans l'autre monde, doit laisser dans celui-ci un fils chargé d'offrir à sa place des sacrifices à la divinité. Il ne faut pas moins de trois générations pour que l'ancêtre soit sanctifié : par son fils, on gagne l'empire des mondes ; par son petit-fils, on obtient l'immortalité, et par son arrière-petit-fils, on s'élève au séjour du soleil. Ceux qui meurent sans enfants mâles sont exclus du paradis. Les enfants ne doivent de sacrifices et de libations que pour le père, le grand-père et l'arrière-grand-père. Si le fils meurt sans postérité, les ancêtres sont précipités dans les enfers (*Pout*). Aussi le fils est-il appelé *Pouttra*, sauveur de l'enfer. Les filles sont inaptes à faire les sacrifices pour les ancêtres [1], même à défaut de fils.

Telles sont les idées d'une des vieilles nations de l'Asie

---

1. Cf. Boissonnade, *Histoire de la réserve héréditaire*, p. 19.

sur les devoirs religieux des descendants envers les ancêtres, idées communes aux Hindous, aux Chinois et aux Annamites. Au point de vue de la race, de la langue, de la religion et de l'état social, les deux pays diffèrent cependant d'une manière absolue; mais le culte des ancêtres est antérieur à l'organisation politique et civile des deux nations, telle que nous la connaissons depuis les époques historiques. C'est sans doute le dernier vestige d'un culte primitif répandu en Asie à une époque où la nation hindoue et la nation chinoise n'étaient point encore constituées, alors que les Aryens, futurs conquérants de l'Inde, n'avaient pas traversé l'Himalaya et que les tribus d'où devaient naître les peuples de la race jaune erraient encore dans les pâturages de la Tartarie.

En Chine et en Cochinchine, les deux caractères idéographiques *Hu'o'ng Hoa* représentent « les parfums et le feu » qui brûlent sur l'autel de la famille en l'honneur des ancêtres. Les Annamites appellent part de l'encens et du feu (*Phần Hu'o'ng Hoa*) la portion du patrimoine consacrée dans les familles à subvenir à l'entretien des tombeaux et aux frais du culte des ancêtres.

On doit des offrandes à tous ses ancêtres, aux premiers jours de l'an et à diverses époques de l'année déterminées par la coutume rituelle. Les offrandes sont encore obligatoires aux anniversaires de la mort des ascendants, y compris ceux du bisaïeul et de la bisaïeule. On ne doit d'offrandes qu'aux ascendants de la ligne paternelle; dans la ligne maternelle, la mère seule est honorée par ses ascendants.

S'il s'agit de l'anniversaire de l'aïeul, par exemple, le chef de la famille invite tous les descendants de l'ancêtre honoré ce jour-là. Un repas est préparé la veille pour les ancêtres; les autels sont parés dans le temple domestique. Le soir, aux approches de la nuit, on allume les cierges sur l'autel de l'ancêtre honoré ce jour-là et sur l'autel des autres ancêtres, dont les tablettes sont exposées dans l'ordre naturel prescrit par les rites. On dispose les mets préparés[1] ; cette offrande est marquée par la célébration du rite préliminaire de la réception des ancêtres.

Le jour anniversaire arrivé, on offre un repas dont l'importance est proportionnée à la condition de chacun, et c'est principalement sur l'autel de l'ancêtre honoré ce jour-là qu'il est placé ; on garnit néanmoins d'offrandes suffisantes l'autel des autres ancêtres. La cérémonie rituelle doit être accomplie de bonne heure, vers sept heures du matin.

Le lendemain, ou le soir de ce même jour, il faut, pour reconduire les ancêtres, faire une offrande de congé, semblable à l'offrande de réception.

Ces simples offrandes ne suffiraient pas à justifier le nom de culte, si elles n'étaient accompagnées de véritables sacrifices, offerts par le chef de la famille, pontife de la religion des ancêtres. Lorsque tous les autels sont munis d'offrandes, les cierges allumés, le chef de la famille, entouré de ses parents, s'avance vers l'autel des ancêtres. Il verse du vin dans trois coupes et dit à voix basse : « Aujourd'hui, c'est l'anniversaire de mon aïeul (il récite les nom et prénom), j'invite tous mes ancêtres à venir avec cet aïeul prendre part à la réception que je leur offre respectueusement et de tout mon cœur. » Cela dit, il se prosterne six fois[2], il

1. Ce sont principalement des gâteaux de riz de diverses espèces, colorés de nuances variées et arrangés de manière à frapper agréablement la vue par l'harmonie des couleurs.

2. Pour faire le salut de cérémonie (*Lay*), les Annamites joignent les mains à la hauteur du visage, puis ils se laissent tomber à terre sur les genoux et sur les coudes, la tête touchant le sol. Ce salut est dû aux parents, aux supérieurs, aux personnes que l'on veut honorer. Les enfants sont dressés à cet exercice dès leur bas âge, aussi est-ce sans la moindre peine que l'Annamite fait ces prosternations.

verse de nouveau du vin dans les coupes, répand ensuite du thé et se prosterne trois fois.

Alors le sacrificateur accomplit l'offrande des parfums en · allumant des bâtons odoriférants sur l'autel de l'ancêtre dont il célèbre l'anniversaire, puis il dit tout bas : « Aujourd'hui, « c'est l'anniversaire de mon aïeul, moi (il récite ses « nom et prénom) j'ai allumé ces bâtons parfumés pour prier « son âme, retournée au principe mâle, de venir accepter « mes offrandes et la supplier d'étendre sa protection sur ses « descendants. »

A l'offrande des parfums succèdent les libations rituelles. Le sacrificateur prend une coupe du vin et la répand sur le sol, en disant : « Aujourd'hui, c'est l'anniversaire de mon « aïeul, je prie son ombre, retournée au principe femelle [1], « de venir à mes offrandes et d'être favorable à ses descen-« dants. »

Ces cérémonies accomplies, le sacrificateur se recueille et s'efforce de se mettre, par l'imagination et la pensée, en présence de son ancêtre, assis sur l'autel pour prendre son repas. Après ces quelques instants de méditation, il se pros-terne quatre fois, se met à genoux, remplit lui-même ou fait remplir par l'assistant de droite trois coupes de vin, et se prosterne encore à chaque coupe remplie qu'il présente à son aïeul. Il verse ensuite lui-même le thé à son ancêtre, ou le fait verser par l'assistant de gauche. Puis il invite l'aïeul à boire et à manger de nouveau et ajoute du vin dans les coupes. Enfin, pour accomplir le rite des adieux, il se pros-terne quatre fois.

---

1. Le principe mâle (*Dzu'ong*) et le principe femelle (*Am*) sont les géné-rateurs de tous les êtres et de toutes les choses créées. Après la mort, l'ombre erre autour des tombeaux, mais l'âme remonte vers le soleil, éma-nation par excellence du principe mâle parmi les choses créées.

La fête la plus remarquable de ce culte singulier est, chez les Annamites, celle du renouvellement de l'année, époque solennelle particulièrement consacrée aux hommages dus aux ancêtres et aux visites à leurs tombeaux. Ce commencement d'année est, du reste, en ce pays comme chez nous, une époque joyeuse où l'on échange les invitations et les visites. Pendant trois jours, toutes les affaires sont suspendues, les marchés même sont déserts ; il faut faire des provisions à l'avance. L'aurore du nouvel an est précédée de feux d'artifices et de détonations assourdissantes destinées à chasser les mauvais esprits et leurs funestes influences. Les maisons sont parées ; des mâts garnis de banderoles aux couleurs éclatantes sont plantés devant les portes ; les autels domestiques, richement ornés, brillent à l'intérieur des temples consacrés aux ancêtres, ou plutôt, au moins chez le plus grand nombre, dans l'appartement momentanément destiné à en tenir lieu. Dans les villes, pendant ces trois jours, la foule, en habits de fête, se répand dans les rues, les serviteurs courent porter les présents et les cartes de visite rouges ; à la campagne, la population s'en va par les sentiers ou sur les canaux vers les pagodes communales, transformées en théâtres [1] pour la circonstance.

Un peu avant le jour de l'an, dans les derniers jours, par conséquent, de la troisième décade du douzième mois, chacun doit s'occuper de nettoyer les tombeaux de ses ancêtres. Le chef de famille convoque ses parents pour remplir ce devoir ; il leur distribue les outils nécessaires à la réparation des tumulus [2] et à l'arrachage de l'herbe poussée sur les sépul-

1. Les représentations y sont données, nuit et jour, par ces nombreuses troupes d'acteurs qui courent les villages, ou par les comédiens particuliers engagés au service des riches propriétaires.
2. Les tombeaux annamites, en terre ou en pierre, renfermant le cercueil, sont toujours élevés au-dessus du sol.

tures. Ces soins remplis, le chef de la famille remet aux parents qui ont répondu à son appel une rémunération en rapport avec sa situation personnelle et avec leurs besoins. Il doit choisir cette occasion pour secourir ses parents pauvres, et leur donner le moyen de célébrer dignement la fête du jour de l'an.

Le 29ᵉ jour du douzième mois, on prépare le mobilier du culte dans le temple des ancêtres, vulgairement appelé temple domestique (*Nha Tho'*). On sort de leurs armoires les vieux ustensiles du culte, chandeliers de cuivre, brûle-parfums en bronze, tapis brodés d'or et autres objets transmis de génération en génération. On dresse les autels et l'on dispose les tablettes des ancêtres.

Le 30 [1], veille du jour de l'an, on apprête un repas pour les ancêtres, et vers le soir on dépose les mets sur les autels et l'on accomplit le rite de la réception des aïeux.

Pendant les trois premiers jours de l'année, les offrandes doivent être renouvelées aux heures ordinaires du repas et toujours accompagnées des cérémonies rituelles. Enfin, le soir du troisième jour, l'on offre un dernier repas pour reconduire les ancêtres, conformément aux rites.

Ainsi se terminent, pour le plus grand nombre, les offrandes quotidiennes du nouvel an. Beaucoup de familles riches et distinguées continuent cependant les offrandes quotidiennes jusqu'au septième jour, date à laquelle les mâts plantés devant les portes sont définivement enlevés. Quelques

---

1. L'année chinoise se compose de 12 mois lunaires. Ces 12 mois ne comprenant que 354 jours, puisqu'ils sont alternativement de 29 ou de 30 jours, on est obligé d'ajouter un mois intercalaire tous les deux ou trois ans, suivant le chiffre de l'épacte. Le premier de l'an tombe dans le courant du mois de février. Le mois se divise en trois semaines ou décades. Le jour est subdivisé en 12 heures, dont cinq correspondent aux veilles de la nuit.

familles continuent les offrandes jusqu'au 15ᵉ jour du 1ᵉʳ mois,
date consacrée à honorer les ancêtres, ainsi que le 15ᵉ jour
du 7ᵉ mois et le 15ᵉ jour du 10ᵉ mois ; mais c'est l'exception.
Il est d'autres époques de l'année où les offrandes peuvent
être considérées comme obligatoires ; toutefois, les Annamites ne se conforment guère à ces prescriptions exception-
nelles, plus rigoureusement observées par les Chinois.

En Annam aucune doctrine officiellement admise n'établit
l'obligation d'avoir des descendants mâles pour être sauvé ;
les Annamites n'ont point à cet égard d'idées religieuses
précises comme les Hindous ; mais chez eux la préoccupation de la mort est très grande. Longtemps avant de mourir
ils préparent leurs tombeaux et se préoccupent de l'entretien des lieux de leur repos éternel et des honneurs qui seront rendus à leur mémoire. En fait, ils croient à l'immortalité de l'âme. C'est évidemment une croyance pour ainsi dire
matérielle et grossière, qui se rapproche de l'idée qu'avaient
les anciens sur ce sujet. Pour eux les ombres des trépassés
aiment à revenir au milieu de leur famille ; les âmes auxquelles personne ne porte affection sont dans l'angoisse et
la peine. De là, leur préoccupation d'avoir des fils pour leur
rendre les honneurs funèbres, conserver leur mémoire et
présider aux solennités de la famille alors qu'ils ne seront
plus de ce monde.

Ces croyances et ces coutumes règnent aussi très énergiquement chez les classes pauvres. Le pauvre a des enfants
pour être honoré par eux pendant sa vie et après sa
mort ; il compte, pour obtenir ce résultat, sur l'éducation
traditionnelle et sur les sentiments de piété filiale qu'elle
développe et qui prennent l'intensité d'une croyance religieuse. Le riche s'efforce de l'assurer en consacrant une
partie de ses biens au culte de sa mémoire. Ces biens ainsi

légués sont inaliénables et les dispositions qui les attribuent
à cet effet à un tiers sont imprescriptibles. Le gage matériel
des intentions du testateur se transmet de mâle en mâle par
ordre de primogéniture, couvert par la loi d'une rigoureuse
protection.

Il n'est pas obligatoire, cependant, de dépenser exclusivement les revenus des biens voués à la mémoire des ancêtres en frais occasionnés par ce culte. La coutume autorise
celui qui est chargé des sacrifices à appliquer l'excédent à
son usage et à en vivre honorablement.

Lorsqu'un père riche meurt intestat, ses héritiers doivent
une part virile aux ancêtres ; s'il fait testament, il consacre
à cette fin une partie déterminée de ses biens. Rien dans la
loi ne limite l'importance de ce legs et les héritiers sont tenus
de se conformer aux dernières volontés de leur auteur.

La vraie piété ne consiste pas, du reste, à vouer une très-
grande portion de biens au culte des morts. Il est inutile
d'accroître la quotité de ces biens à chaque génération, parce
qu'ils ne sont pas spécialement affectés à la mémoire d'une
seule personne, mais à la mémoire de tous ceux dont la tablette est déposée dans le temple domestique. Il faut ajouter
d'ailleurs qu'à mesure que des branches cadettes se forment
dans une famille et se détachent du tronc principal, chacune
de ces branches nouvelles consacre des biens à son cult
particulier.

Cette part faite obligatoirement au culte n'a, dans la pratique, aucune influence fâcheuse sur la distribution des richesses ; elle ne fait qu'augmenter dans une certaine mesure
la part de l'aîné, ainsi que cela se pratique encore dans certaines provinces de France. Les personnes sans fortune
n'ont généralement point de biens du culte provenant de
leurs ancêtres et ne peuvent en créer dans leur testament.

Les descendants, en ce cas, ne font ordinairement point de part à l'ancêtre mort. D'ailleurs aucun texte de loi, à notre connaissance, n'oblige de consacrer des biens au culte des ancêtres ; le code se borne à prohiber l'aliénation de ceux qui sont déjà consacrés. Si, dans les familles riches, comme nous l'avons dit plus haut, les biens dédiés au culte ont souvent une certaine importance, il est d'usage de n'y ajouter rien, ou presque rien, dans les partages qu'amène le développement naturel de la famille. Lorsqu'il existe peu d'intéressés à la conservation des biens du culte et que la famille est ruinée, ces biens disparaissent facilement par la négligence ou l'accord des ayant droit. L'administration annamite est peu curieuse de ce qui se passe au sein des familles, dont elle respecte absolument la liberté. Le juge ne peut, en substituant son action à celle des intéressés, poursuivre d'office la conservation des biens voués à l'entretien du culte. Il laisse à la famille le soin de défendre ses droits, d'accomplir ses rites et d'appeler, s'il y a lieu, la loi à son secours. Les dissipateurs des biens du culte ne sont traduits devant les tribunaux que sur la plainte d'un membre de la famille.

Souvent, par suite de la ruine de la famille, l'étroit espace qui renferme ses tombeaux, bien facilement reconnaissable par ses tumulus, conserve seul un caractère sacré. La loi couvre de sa protection ces lieux saints ; elle défend d'aliéner le terrain des sépultures. Aussi, dans les ventes, a-t-on soin d'excepter, par une clause spéciale, les terrains funéraires compris dans les champs patrimoniaux. Quant aux champs eux-mêmes, pour en empêcher l'aliénation, il faut pouvoir prouver, par titre écrit, que leurs produits ont été consacrés aux frais du culte. Quelquefois, lorsque la famille en est réduite aux dernières extrémités et avec le consentement des ayant droit, ces champs sont aussi vendus. Alors la famille se disperse et les tombeaux de ses ancêtres finissent par disparaître à leur tour, non pas que le nouveau propriétaire les détruise, — c'est une profanation que personne n'oserait commettre, tant est grande la terreur des morts ; — mais, la famille n'étant plus là pour entretenir les tombeaux, ils s'effacent peu à peu sous l'action du temps, niveleur lent, mais impitoyable des choses humaines.

Les biens voués au culte ne sont pas considérés comme la propriété de celui qui les possède ; il n'en a que l'usage, c'est-à-dire l'usufruit ; la nue propriété appartient indivisément à la famille. Ses membres ont donc le droit de veiller à l'emploi de leurs produits, d'assurer leur conservation, de s'opposer à leur aliénation, d'en poursuivre ou faire poursuivre la revendication par tous les moyens de droit. S'il arrive que ces biens disparaissent malgré la famille, c'est que la loi a prononcé condamnation contre leur acheteur ou leur vendeur, dans le cas où l'on peut prouver sur pièces écrites l'origine et l'attribution véritables du bien vendu.

Dans le cas d'extinction de descendance mâle directe, dans l'ordre de primogéniture, la famille règle la dévolution de ces biens en se conformant à l'ordre d'âge et d'hérédité. S'il y a extinction complète des mâles dans la famille, la qualité sacrée et l'inaliénabilité des biens s'éteignent ; ils deviennent alors la propriété des femmes inaptes à faire des sacrifices.

Le père ne peut se dispenser de transmettre les biens du culte à son fils aîné, parce que ces biens ne sont pas sa propriété, et que ce sont les rites et la loi et non la volonté du père qui ont déterminé quel était l'héritier nécessaire des biens du culte. Il suit de là qu'un père ne peut consacrer des biens au culte des ancêtres sans les remettre en garde à son fils aîné ou à son petit-fils aîné. Certaines condamnations graves peuvent mettre le bénéficiaire de ces biens dans l'im-possibilité de rendre le culte ; elles ont alors pour résultat de faire passer les biens en d'autres mains jusqu'à ce que la peine prononcée ait été subie. Certaines fautes contre la piété filiale peuvent aussi frapper d'indignité le bénéficiaire ; la famille a, dans ces circonstances, le droit d'exclure l'in-digne et de régler, en suivant l'ordre de l'âge, la dévolution des biens du culte, absolument comme si le bénéficiaire na-turel était mort. On voit, d'après ce qui précède, que la loi annamite est à peu près muette sur toutes les questions rela-tives aux affaires civiles ou religieuses de la famille ; la cou-tume orale, traditionnelle, inspirée par les rites, règle seule et souverainement cette matière délicate.

CHAPITRE X

LA FAMILLE

A l'origine, si l'on en croit les lettrés, l'autorité paternelle, chez les Annamites, était absolue. Le père de famille avait plein pouvoir sur ses descendants : droit de disposer de leur liberté, de leurs biens, de leur travail, comme de choses lui appartenant ; droit de châtiment jusqu'à la mort ! Il pouvait vendre ses fils, louer leurs services, les mettre comme gages entre les mains de ses créanciers. Sous le régime de la puissance paternelle, tout ce qu'acquéraient les enfants, soit par leur travail et leur industrie, soit par l'apport de leurs femmes, ou les libéralités d'autrui, tout appartenait au père, créateur et chef de la famille, seigneur de la maison, maître absolu des personnes et des choses domestiques.

Dans cet état primitif de la société, les enfants mariés, auteurs des diverses branches de la famille placées sous l'autorité du père, ou de l'aïeul, n'étaient pas affranchis de tout lien par la mort de l'ascendant commun. A défaut de l'ancêtre commun, dont l'existence maintenait à l'état latent tous les droits de ses descendants, la loi de dévolution d'âge, aussi vieille que la civilisation chinoise, venait renouer un lien qu'il eût été naturel de supposer rompu. Chacun, à la mort de l'auteur commun, devenait libre, en ce sens qu'il était maître de sa part d'héritage ; mais, pour l'accomplissement des rites et les rapports de la famille avec l'État, la puissance paternelle passait au plus âgé, lequel pouvait

fort bien ne pas être le premier-né des mâles de la branche
aînée.

Ainsi, à la mort de l'ancêtre commun, le régime de la puissance paternelle absolue disparaissait, et les descendants
recouvraient leur liberté quant à leurs biens et à leurs personnes. Néanmoins, en matière de rites, la puissance se
concentrait sur une seule personne, chargée de célébrer le
culte des ancêtres au nom des diverses branches de la famille. Cette personne devenait, par ce seul fait, le véritable
chef du clan politique et religieux résultant de l'association
familiale.

De nos jours, le pouvoir du père, dans l'Annam, est limité par la loi. Il lui est défendu d'ôter la vie à ceux qui
sont placés sous sa puissance ; il n'a plus le droit d'aliéner
leur liberté, et la coutume lui interdit de disposer de leurs
biens. Le père loue bien encore les services de son fils mineur ; mais cet usage existe aussi en France, sous les diverses formes du travail des enfants et des contrats d'appren-
tissage, et nous ne le considérons pas comme attentatoire à
la liberté des descendants.

C'est sans doute en souvenir de la loi ancienne que le code
annamite actuel n'impose aucune obligation au père envers
ses enfants, pas même celle de leur fournir des aliments.
Cela semblerait une prescription superflue tant qu'il s'agit
d'enfants trop jeunes pour travailler. Mais le fils doit à son
père le respect et l'obéissance. Il doit travailler pour lui et
le nourrir quand il est infirme. Une pénalité sévère redresse
le manquement à ces devoirs de la piété filiale. La coutume
les exagère encore et fait un point d'honneur au fils de payer
les dettes paternelles [1].

---

1. *Phu Trai Tu' Hvàn.* Le père emprunte ; le fils rembourse.

La loi réprime légèrement les fautes du père, et frappe sévèrement au contraire celles du fils. Le parricide est puni de la mort lente, supplice barbare tombé d'ailleurs en désuétude, et la simple préméditation de ce crime amène la décapitation du coupable. Le meurtre d'un enfant par son ascendant est puni, si la mort a été la suite d'un châtiment mérité, de cent coups de bâton, auxquels s'ajoute un an de « travail pénible », si l'enfant a été tué sans motif légitime. Lorsque, dans l'espèce, il s'agit d'un enfant qui a contracté l'habitude de l'insubordination, le père, excusé par la loi, n'encourt pas de condamnation. Un père a le droit d'infliger des châtiments corporels à ses enfants, mais un fils assez dénaturé pour frapper son père, même dans un mouvement d'emportement, est puni de la décapitation. On ne distinguera pas, ajoute le commentateur du code, s'il y a eu ou non blessures, si elles sont légères ou graves.

Le père de famille dispose encore souverainement de ses propres biens, comme sous l'empire de l'ancienne loi, mais il a perdu l'exercice de ce droit absolu sur les biens propres de sa femme et sur les biens particuliers de ses enfants. Pendant sa vie, il jouit comme il l'entend de sa fortune, il aliène ses biens s'il lui plaît, il en dispose enfin dans l'acception la plus large du mot. Après sa mort, il est libre de n'en rien laisser par testament à ses enfants ou à ses petits-enfants ; il n'y a ni loi ni coutume qui le force à leur en donner une partie, ou qui établisse au moins une réserve quelconque en faveur de descendants déshérités.

Si donc le père de famille n'est plus, comme aux époques antiques, le maître absolu de la personne et des biens de ses descendants, il possède néanmoins encore de puissants moyens d'action sur eux, puisqu'il lui reste le droit des châtiments corporels et la liberté de tester.

Il peut marier ses enfants, sans que toutefois ce droit puisse jamais dégénérer en contrainte et en tyrannie. Par contre, les enfants ne peuvent se marier sans le consentement de leurs parents, car les rites du mariage ne s'accomplissent point sans la participation du père et de la mère. Or, s'il n'y a pas eu mariage régulier, la dissolution de l'union pourra être prononcée, sur la plainte des parents, et les enfants seront punis des peines qui frappent les alliances irrégulières.

Dans l'état actuel de la législation et des mœurs, le père est chef de la famille ; quand ses enfants sont en âge de se marier, il les établit. Par le mariage les filles sortent de la famille et leur postérité n'en fait plus partie pour tout ce qui est relatif au culte des ancêtres. Les fils, au contraire, continuent à compter dans la famille, malgré leur mariage, mais ils deviennent à leur tour chefs de leurs descendants à la condition de quitter le toit paternel.

Dans la pluspart des cas, les enfants sont mariés sans qu'il leur soit donné la moindre partie de leur patrimoine. Quelquefois, cependant, le père accorde une dot à ses filles et distribue une partie des biens patrimoniaux à ses fils. Mais ces avances d'hoirie ne l'empêchent point de reprendre ces biens et d'en disposer, puisque le descendant ne peut porter plainte et ester en justice contre ses ascendants[1]. Si l'un des chefs secondaires de la famille vient à mourir, les petits-enfants et leur mère rentrent en partie sous la puissance de leur ascendant. L'aïeul protège cette famille privée de son chef. Il a le devoir de surveiller l'éducation de ses petits-enfants, de contrôler l'administration et de vérifier la

---

1. La loi précise les cas, de droit étroit, où l'action des descendants est autorisée.

conservation de leurs biens, mais il ne peut disposer de leur fortune.

Telles sont la loi et la jurisprudence, en ce qui concerne les cadets. Quant aux aînés, qui ne peuvent quitter le toit paternel sans le consentement du chef de la famille, ils restent, ainsi que leurs femmes et leurs enfants, sous la puissance de leur père ; mais les biens des femmes sont administrés par les aînés, leurs maris, et, si les pères veulent en disposer, il est facile de les en empêcher en faisant exercer le droit de réclamation judiciaire par les parents de l'épouse.

La loi ne limitant en aucune façon la quotité des biens dont le père peut disposer, il est permis de laisser au fils aîné une part aussi considérable qu'on le désire. Il obtient ordinairement sa part virile et celle qui est consacrée au culte des ancêtres. Il n'a d'ailleurs sur la part du culte, comme nous l'avons dit dans le précédent chapitre, qu'un simple droit d'usufruit ; la nue propriété de ces biens est inaliénable et appartient indivisément à toute la famille. La liberté de tester étant absolue, le père peut aussi bien deshériter complètement toute sa famille que l'un quelconque de ses enfants ; mais ces cas sont excessivement rares, et nous devons ajouter que nous n'en avons jamais vu d'exemple.

Pour bien apprécier la dévolution de l'autorité dans l'ensemble de la famille annamite, il ne faut pas seulement considérer le père comme le chef immédiat de ceux de ses descendants qui demeurent sous son toit et comme le chef secondaire de tous ceux qui, issus de lui, ont quitté la maison paternelle et formé un établissement séparé ; il faut encore se représenter les membres des diverses branches mâles de la famille, tels qu'ils se comportent à trois ou quatre générations de l'auteur commun. Chacune des familles qui résultent de ces descendances a pour chef immédiat le père ou le grand-père, et pour chef général l'ascendant commun. A défaut d'un ascendant commun à toutes les branches, le chef de la parenté (*Tru'o'ng Toc*)est le plus âgé des fils survivants de cet ascendant ; à défaut de fils, c'est le plus âgé de ses petits-fils.

Pour nous résumer, nous dirons donc qu'à défaut d'ancêtre commun, le chef de la parenté est le membre le plus âgé de la génération la plus rapprochée de l'ancêtre commun aux diverses branches de la famille.

Dans la pratique, les diverses branches d'une famille ne connaissent guère leur parenté au delà de la quatrième ou de la cinquième génération. Les limites de la parenté sont d'ailleurs également indiquées dans le code à l'artic'e du deuil : l'arrière-petit-fils doit porter le deuil pendant trois mois à la mort de son quadrisaïeul ; il n'est plus prescrit de deuil au delà de la cinquième génération.

Le chef de la famille est le juge naturel de toutes les contestations qui s'élèvent entre ses descendants. Par analogie, à défaut d'ancêtre commun reconnu dans une famille composée de plusieurs branches, le chef de la parenté est le juge, le conciliateur légal de toutes les contestations entre parents de diverses branches. Il tient, en outre, la place du père ou du grand-père de chaque famille partielle, quand elle est privée de son chef. Il surveille, en cette qualité, les partages de patrimoine, les intérêts des mineurs, et il désigne au besoin des tuteurs à ces derniers. Il est le témoin autorisé de tous les actes importants de la vie familiale. Enfin, il veille à la célébration des cérémonies en l'honneur des ancêtres, par le ministère de l'aîné des mâles de la branche aînée. Nous avons vu précédemment que, bien que les droits et les devoirs du culte des ancêtres de la famille se transmissent de mâle en mâle, par ordre de primogéniture, il arrivait souvent que le chef de la parenté n'était pas l'aîné. Si le chef de la branche aînée est mineur, le chef de la parenté, jusqu'à la majorité du jeune homme, rend les hommages aux ancêtres qui sont ses propres ascendants [1].

La mère est, comme les enfants, soumise à la puissance du chef de la famille. Autrefois, l'autorité du mari sur la femme était absolue ; la prohibition de vendre ou de louer sa femme à autrui, contenue dans le code annamite actuel, est une preuve de l'existence d'un droit absolu du mari sur sa femme, dans les temps anciens.

A la mort du père de famille, le code chinois semble placer la mère sous l'autorité de son fils aîné. En Annam, la coutume en a décidé autrement. La mère, devenue veuve, n'est plus sous la puissance de personne, parce qu'en se mariant elle est sortie de sa famille et que la mort de son

---

1. Pour comprendre plus facilement l'ordre de la parenté, il suffit d'avoir sous les yeux le tableau généalogique ci-dessous :

$$A$$

B		C	D	
B^1		B'^1 C^1	D^1	D'^1
B^2		B'^2	D^2	D'^2

L'ancêtre A engendre trois fils B, C et D, lesquels, à leur tour, engendrent la postérité figurée au tableau. Les filles sortant de la famille par le mariage, il est inutile d'en tenir compte.

Tant que A est vivant, il reste le chef religieux de la famille, et le chef de la parenté. Les générations dans l'ordre de primogéniture B, B^1, B^2, n'ont pas quitté le toit paternel et sont sous la puissance de A, leur chef de famille. C et D, qui ont quitté le toit paternel, sont chacun chef particulier de leur famille, B^1, et D^2, ayant aussi quitté le toit paternel, sont chef de leur famille.

Durant sa vie, A célèbre le culte des ancêtres, juge les affaires entre les parents des différentes branches comme C^1 et D^1, par exemple. Mais supposons A, B et B^1 morts et D également mort. Alors C est chef de la parenté ; il juge les affaires entre B^1, et D'^1, par exemple ; il fait célébrer le culte par B^2, dernier rejeton et premier mâle de la branche aînée. Si celui-ci est mineur, C rend le culte à sa place.

mari lui a rendu une liberté absolue. Il faut faire exception
cependant pour le cas où le mari n'est pas chef de ses descendants, parce qu'habitant la maison paternelle et n'ayant
pas d'établissement séparé, il se trouve sous la puissance
d'un père ou d'un grand-père. Dans ce cas, la veuve, ainsi
que ses enfants, restent sous la puissance de cet ascendant.

Tous les commentateurs reconnaissent d'ailleurs que l'autorité de la mère de famille n'est point aussi étendue que
celle du père. Elle exerce sur ses enfants les mêmes droits
de châtiment, mais elle n'a qu'une autorité conservatrice et
toute d'administration sur les biens ; elle ne peut ni aliéner
ni transiger seule. Pour parfaire de tels actes, il faut qu'elle
soit assistée du chef de la famille, père ou grand-père de
son mari, et, à son défaut, du chef de la parenté. La loi annamite ne règle pas la tutelle ; le mot n'existe même pas
dans le code, avare de prescriptions pour tout ce qui touche
aux intérêts de la famille. Cependant, on a vu le chef de la
parenté s'occuper des intérêts des mineurs, lorsqu'ils n'ont
plus de chefs de famille, et les pourvoir au besoin d'un parent chargé de l'administration de leurs biens. Dans le cas
où une désignation de ce genre a été faite, la veuve doit être
assistée du parent nommé, qui, dès ce moment, fait office de
subrogé-tuteur de ses enfants.

D'après la loi et la coutume annamites, tant que vit la
mère, les enfants ne peuvent réclamer leur part de patrimoine. La femme légitime a donc la jouissance des biens de
son mari, à moins que celui-ci ne lui ait assigné par testament une portion de ses biens, ou n'ait, de son vivant, fait
un partage entre ses enfants.

Sa vie durant, le mari est maître absolu de ses propres
biens, et même, en fait, si ce n'est en droit, de ceux de sa

femme, car il en pourrait disposer malgré elle, la loi défendant à la femme de porter plainte contre son époux. La coutume a cependant provoqué un tempérament à cette règle. Le mari n'a plus que l'administration et la jouissance des biens de sa femme ; il ne peut en disposer sans son consentement. On n'oserait les acheter malgré elle, car, bien qu'il lui soit interdit de porter plainte contre son mari, ses parents sont toujours là pour revendiquer les biens vendus comme appartenant à leur famille. En cas de revendication, le juge annamite, appliquant la coutume et se conformant à l'usage, annulerait certainement l'acte de vente.

D'ailleurs, la femme étant inscrite aux rôles d'impôt pour ses biens personnels, la preuve de ses droits de propriétaire ne peut disparaître des registres publics que par l'apposition de sa signature dans l'acte qui aliène ses biens au profit d'un tiers. En fait, le mari ne vend jamais sans le consentement de sa femme, et aucun acquéreur ne se risquerait à prendre possession d'une terre appartenant à la femme, si elle n'était vendue conjointement par les deux époux.

Les enfants doivent le même respect à leur mère qu'à leur père. Tout manquement à la piété filiale est sévèrement puni, sur la plainte du père lorsqu'il est vivant, ou sur celle de la mère devenue veuve [1], et cela sans préjudice des châtiments domestiques que le père et la mère peuvent infliger.

Après la mort de son époux, toutes les prérogatives de la mère de famille découlent de sa qualité de veuve. Si elle se remarie, les enfants et les biens du premier lit passent sous l'administration directe de la famille. Aux yeux des Annamites, les enfants et les biens appartiennent en effet, pour le

---

1. Les femmes ne peuvent en personne ester en justice ; elles font présenter leurs réclamations par un mandataire, qui est toujours un de leurs parents.

culte, à la famille de même nom et de mêmes ancêtres que le mari défunt. Tant que la mère porte le nom du père et le représente par la stricte observation du veuvage, elle est la mère de famille honorant le père mort ; mais par le seul fait d'un nouveau mariage elle quitte sa première famille, change de culte et va honorer d'autres ancêtres que ceux de ses enfants. Elle perd donc tout droit sur les enfants et les biens de la famille chargée d'honorer un père défunt et des ancêtres avec lesquels elle a rompu tout lien.

Les filles étant impropres à rendre le culte, on a vu précédemment que les biens dédiés aux ancêtres reviennent aux mâles des branches les plus éloignées de la famille, de préférence aux femmes. A défaut de descendant mâle, la part de l'encens et du feu se transforme ; elle redevient un bien ordinaire, n'ayant plus aucun caractère sacré. Alors les femmes en héritent et peuvent en disposer comme d'une chose commune et redevenue aliénable à volonté. Il est même impossible de faire revivre le caractère sacré de ces biens en faveur des fils des filles de la famille. Ceux-ci sont en effet inaptes à faire les sacrifices de la ligne maternelle, parce qu'ils n'ont pas même nom et mêmes ancêtres que la famille dont est sortie leur mère.

Après le décès du dernier mâle, ses filles vivantes, ou seulement l'aînée de ses filles peuvent-elles hériter des biens voués au culte ? Le caractère sacré de ces biens a disparu au moment où, à défaut de mâles, ils sont passés entre les mains des femmes.

Ils sont donc redevenus une part d'héritage commune à toutes les descendantes, puisque la nue propriété n'en appartenait point particulièrement aux mâles par ordre de primogéniture, mais à toute la famille prise dans son ensemble.

Dans une famille dont les représentants mâles sont morts,

ont disparu, ou sont tombés dans une extrême pauvreté, faute de biens dédiés au culte, si une fille survivante est mariée à une personne aisée, elle s'occupera de l'entretien des tombeaux de la famille dont elle est originaire. Pour honorer la mémoire de son père et de sa mère, elle fera des offrandes aux ancêtres, sans pouvoir, à cause de son sexe, accomplir les autres cérémonies rituelles. S'il existe encore un parent pauvre de la famille, sans domicile qui lui appartienne en propre, elle lui fera célébrer les cérémonies dans une pièce particulière de la maison de son mari, sans que ce puisse être jamais dans le lieu consacré aux ancêtres de ce dernier.

Dès que les biens du culte passent aux mains des femmes, incapables d'accomplir les rites, ils perdent leur caractère sacré par le fait de cette incapacité même. Il résulte de là que les mâles les plus éloignés héritent de ces biens de préférence aux femmes.

Si ces dernières sont exclues de la succession aux biens du culte, sont-elles aussi, à défaut de testament, réellement exclues de toute la succession paternelle ?

D'après la loi, à père intestat succèdent, avec des droits égaux, les enfants des femmes légitimes, des femmes de second rang, des esclaves et des servantes. Par l'expression « enfants », la coutume entend les filles aussi bien que les garçons.

Il est certain que la loi annamite, dans son sens primitif, n'appelait que les mâles à la succession; mais les tribunaux ont prétendu qu'il était nécessaire de s'appuyer sur un texte formel pour exclure les femmes, et ce texte n'existe vraiment pas. Le législateur s'est à tort servi de l'expression d' « enfants, » lorsqu'il n'avait en vue que les enfants mâles. La liberté de tester a donc un correctif naturel qui est cette né-

cessité d'une disposition exhérédant formellement les filles.
Or, dans les testaments les filles sont ordinairement héritiè-
res au même titre que les garçons. Il est bon dès lors de
leur reconnaître des droits égaux, lorsque les parents meurent intestats; l'on ne froisse point ainsi les sentiments du
peuple, l'on donne satisfaction aux idées de justice, et l'on
applique la lettre de la loi. Aussi, dans nos provinces de la
basse Cochinchine, cette jurisprudence annamite est-elle
partout acceptée par nos tribunaux.

En Chine, la loi s'interprète au contraire dans son sens le
plus étroit; les filles sont absolument exclues de la succession du père intestat; mais le père, ou le fils aîné, dote les
filles suivant leur condition. Dans l'Annam, ce correctif n'e-
xiste pas et serait même inutile, puisqu'une coutume sensée
a prévalu contre une dure loi.

En Annam, après la mort du père, les enfants passent sous
la puissance de la mère de famille veuve, qui n'est pas, comme
en Chine, soumise à son fils aîné; d'autre part, les filles sont
appelées à la succession du père intestat. Ces deux déroga-
tions à d'antiques coutumes prouvent combien le rôle de la
femme, dans la société annamite, est supérieur à celui qui
lui est attribué en Chine, et surtout chez les autres nations
de l'Orient. En fait, dans tout l'Annam et plus particulièrement dans les familles où la polygamie n'existe pas, la
femme jouit d'autant de liberté et presque d'autant de considération que dans les sociétés chrétiennes.

Plusieurs mères coexistent souvent dans une famille annamite. Le mari peut, en effet, n'avoir pas d'enfants mâles
d'un premier mariage, et puisqu'il doit s'efforcer de créer
une postérité masculine pour continuer le culte des ancêtres et être honoré lui-même après sa mort, il peut, à défaut
d'enfants de sa femme légitime, en demander à une femme

de second rang. Si cette femme ne lui donne pas d'enfant mâle, il peut successivement prendre autant de femmes de second rang qu'il lui sera nécessaire pour avoir un fils.

Un père de famille n'a jamais qu'une femme de premier rang, l'épouse véritable (*Vo' Chinh*); mais le nombre des femmes de second rang [1], limité en théorie par le fait de la naissance d'un fils, ne l'est guère, dans la pratique, que par la fortune ou le caprice du chef de la famille. La polygamie est cependant assez rare.

Un homme, veuf d'une première femme épousée suivant les cérémonies rituelles, peut, alors même qu'il aurait des femmes de second rang, épouser une nouvelle femme qui remplacera la première comme véritable épouse.

La femme épousée en premières noces, *Dich Mâu* [2], c'est-à-dire « mère de droite lignée, » et les femmes épousées en deuxièmes, en troisièmes noces, par suite de mort de la précédente, jouissent seules des prérogatives attachées à la qua-

1. On traduit ordinairement le mot *Thiép*, qui désigne la femme de second rang par le mot français « concubine. » Cette qualification a pris chez nous un sens presque choquant, et s'emploie pour désigner une union irrégulière ; l'union de la femme de second rang, en Annam, est parfaitement légitime et légale. Le mot de concubine est donc impropre. On peut l'expliquer cependant en lui donnant son sens étymologique, et en disant que la première épouse (*Thé*), appelée en langue vulgaire : *Vo' Chinh* (vraie femme), est seule unie au mari par des « *noces rituelles solennelles* ; » les femmes de second rang sont au contraire épousées par simple échange de cadeaux. Pour éviter toute méprise, nous nous servirons de l'expression « femme de second rang ».

2. M. Philastre traduit *Dich Mâu*, par « mère de droite lignée. » Les femmes de seconde rang sont, par opposition à l'épouse, appelées « mères de commune lignée. » L'épouse est une égale, c'est-à-dire qu'elle tient le même rang que l'époux ; la femme de second rang (concubine) est une suivante, c'est-à-dire qu'elle se tient à côté de l'époux. L'épouse dit : « mon époux ; » la concubine dit : « le chef de la famille. »

Cf. *Code annamite*, p. 83, traduit par M. Philastre, lieutenant de vaisseau ; Ernest Leroux, éditeur.

lité de mère de famille. On appelle mère qui succède (*Ké Mâu*, nouvelle mère), la femme épousée en secondes ou troisièmes noces. Les droits de la femme épousée en nouvelles noces par le mari veuf sont les mêmes que ceux de la précédente femme légitime, parce qu'elle est épousée selon les mêmes rites, interdits, comme nous l'avons dit, aux femmes de second rang. Donc celles-ci sont de condition humble par rapport à la mère de famille. Elles doivent d'ailleurs être choisies, ou tout ou moins agréées, par la femme de premier rang. Et, si l'on veut bien se souvenir de l'histoire biblique, et véritablement orientale, d'Abraham, de Sara et d'Agar, il paraîtra moins étrange de voir la mère de famille annamite, privée de postérité mâle, choisir elle-même, après plusieurs années de mariage, une femme de second rang pour son mari, avec l'espérance d'en voir naître un fils et d'assurer ainsi le culte de sa mémoire et de celle de son époux. C'est en effet la seule manière d'obtenir des successeurs pour la célébration du culte des ancêtres, lorsqu'en l'absence de parents, il est impossible de recourir à l'adoption d'un enfant de même nom et de même lignage que le mari.

Dans le cas où, après s'être remarié, le chef de la famille meurt intestat, la jouissance et l'administration des biens des enfants des différents lits reviendront à la mère de famille épousée en secondes noces. Elle est, aux yeux de la loi, la « véritable mère » de tous les enfants, quelle que soit leur origine, et ils lui doivent tous le respect et le deuil. Elle peut donc, si elle le veut, s'opposer au partage de la succession, en vertu de la loi qui prohibe les partages du vivant des père et mère.

Comme la loi ne permet pas aux enfants des autres lits de porter plainte contre elle, elle pourrait tenter d'avantager ses propres enfants; en ce cas, le chef de la parenté peut faire intervenir le juge.

Les enfants des autres lits sont d'ailleurs légalement autorisés à faire dresser, par les notables de la commune et par
l'entremise du chef de la parenté, un inventaire authentique
de l'héritage. Quant aux biens du culte, s'il y en a, la mère
de famille est obligée de les remettre à l'aîné de ses enfants
mâles de droite lignée (*Dich Tu'* ou *Dich Tôn*), s'il est en âge
de célébrer le culte des ancêtres. S'il est mineur, elle en fait
remise au chef de la parenté, chargé d'assurer le service du
culte.

Il est une hypothèse, rarement réalisée sans doute, mais
possible, dans laquelle la famille annamite sera singulièrement compliquée. C'est le cas où la femme de premier rang,
ayant consenti, à défaut d'enfants mâles issus d'elle, aux
unions secondaires de son époux, donne enfin un héritier à
la famille et puis meurt. Elle peut être remplacée par une
nouvelle mère de famille, et celle-ci, après le décès de la
précédente, par une troisième femme de premier rang. Il
peut y avoir alors dans la famille des enfants de trois lits de
premier rang, des enfants de femmes du second rang et
même des fils ou filles de servantes et d'esclaves[1], auxquels
la loi accorde, comme aux autres enfants, un droit égal sur
l'héritage paternel.

Pour comprendre comment la hiérarchie peut exister dans
une famille ainsi composée, il faut se rapporter surtout aux
lois sur le deuil.

. Lorsque la femme véritable, la mère de famille, épousée
en premières ou nouvelles noces, vient à mourir, tous les en-

---

1. L'esclavage, prévu par le Code, n'existe en réalité dans l'empire
qu'aux frontières des pays récemment conquis. A notre arrivée, l'esclavage subsistait dans la province occidentale de la Basse-Cochinchine.
Les rares esclaves qui y vivaient à cette époque ont disparu, par suite
de la répugnance des tribunaux français à consacrer les droits de leurs
maîtres.

fants sans distinction de lit portent le deuil pendant trois ans comme pour leur père. S'il s'agit au contraire d'une femme de rang inférieur, ses propres enfants lui doivent le deuil de trois ans, mais les autres ne sont tenus qu'au deuil d'un an.

Nous avons dit que la femme dont l'union a été consacrée par les cérémonies rituelles est la véritable mère de famille, jouissant sur tous les enfants des prérogatives qui appartenaient à son mari, empêchant le partage de la succession tant qu'elle observe le veuvage, à moins que le père n'en ait disposé autrement par testament.

Toutes les autres mères lui doivent le respect et l'obéissance. Le code, en cas d'insulte, punit les enfants des autres mères, comme s'ils avaient manqué de respect à leur propre mère, et leur inflige une peine plus forte que s'ils avaient offensé une des mères d'ordre inférieur autre que la leur.

Dans le cas où il a existé plusieurs mères dans la famille, la coutume veut que les biens de chaque mère reviennent à ses propres enfants seulement. Les acquêts qui proviennent du père sont, ainsi que ses biens particuliers, le patrimoine commun à tous les enfants.

Dans une famille dont le père a des femmes de rangs différents, il peut arriver que le premier-né des fils ait pour mère une femme de rang secondaire. Mais, si la femme véritable, épousée en premières ou nouvelles noces rituelles, vient à donner le jour à un enfant mâle, ce dernier-né deviendra « l'aîné » de la famille, parce qu'il est le fils de droite lignée du père (*Dich Tu'*), engendré pour le culte et les sacrifices.

Le législateur annamite n'a point omis de régler l'adoption dans les familles, et de mettre ainsi à la disposition des intéressés un moyen de filiation plus régulier et plus conforme que la polygamie aux nécessités de la concorde domestique.

Les Annamites en usent du reste avec une extrême facilité.
Il n'est pas rare de leur voir adopter des enfants pauvres
complètement étrangers à leur famille. La compassion, le
désir de donner un compagnon de jeux à l'enfant de la maison, sont souvent leur seul mobile. Mais alors l'adopté n'ayant
ni le même nom, ni les mêmes ancêtres que l'adoptant,
est inapte à continuer sa postérité, puisqu'il ne peut rendre
le culte aux ancêtres. La loi l'appelle cependant à concourir, pour une part virile, au partage du patrimoine avec les
propres enfants de l'adoptant intestat.

Lorsqu'il s'agit au contraire de continuer véritablement la
postérité de l'adoptant, il faut que l'adopté appartienne à la
famille et qu'il ait le même nom et les mêmes ancêtres [1]. Il
doit, en outre, être choisi, conformément à « la loi de l'âge »,
dans la branche de la famille la plus proche ayant un fils capable d'être adopté. Le caractère essentiel de capacité pour
l'adopté, c'est d'être descendant de l'ancêtre commun, au
même degré que l'eût été le fils de l'adoptant s'il avait existé.
Il doit être pris parmi les cadets, en suivant l'ordre, de préférence aux aînés de branche cadette, naturellement voués
au culte de leurs parents immédiats.

Enfin, il ne peut en aucun cas être l'aîné de la branche
aînée réservé pour le culte de tous les ancêtres communs
aux diverses branches de la famille, et par conséquent inca-
pable d'être adopté.

Quand tous les fils, à l'exception de l'aîné, ont quitté le
toit paternel pour devenir par le mariage chefs des familles
secondaires de branche cadette, il peut arriver que l'un de
ces fils meure sans laisser d'enfant mâle. Sa veuve doit, en

---

1. Il va sans dire qu'il n'est ici question que de la parenté dans la ligne
paternelle ; les parents du côté des femmes sont hors de la famille religieuse (*Ngoai Hô*).

ce cas, adopter un enfant apte à continuer la postérité de son mari. Elle le cherchera d'abord parmi les fils des frères aînés de son mari, ensuite parmi ceux des frères cadets, enfin parmi les fils de cousins germains, et, au besoin même, dans des branches collatérales plus éloignées. Si le mari et la femme sont morts sans enfants, la famille est tenue d'obéir aux prescriptions de la loi et de créer une postérité aux défunts [1].

Celui qui est choisi pour continuer la filiation jouit des mêmes prérogatives que s'il avait été adopté par le défunt lui-même.

La survenance de fils naturels à l'adoptant enlève la préé-

1. Pour bien comprendre l'ordre d'adoption légale dans une famille, il est utile d'en tracer le tableau.

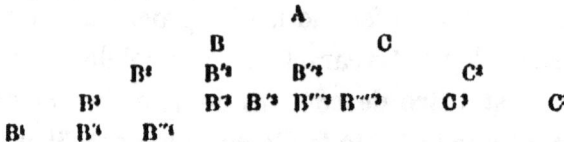

```
                        A
                  B           C
            B¹    B'¹    B''¹         C¹
        B³      B³ B'³ B'''³ B''''³    C³    C²
    B⁴  B'⁴  B''⁴
```

Nous supposons ancêtre, A, auteur de la postérité masculine ci-dessus figurée. Si, à la deuxième génération, B³ est mort sans postérité, on devra choisir B'³, cadet de la branche aînée. Si B'³ est mort avant son oncle B¹, on prendra dans la branche suivante B'''³, et à son défaut B''''³, et à défaut de ceux-ci C³. Si les branches, aînée et cadettes, n'ont qu'un fils vivant à la mort de B¹, on pourra charger le fils suivant B'³, déjà voué au culte de son père, du culte des époux B'¹ morts sans postérité ; à défaut de B'³, on pourra prendre C³. De même si B'''³ meurt sans postérité, on pourra lui susciter comme postérité B'⁴ ou B''⁴. Mais si B¹ B'¹ et C¹, descendants de A, meurent sans postérité, et que B³ soit mort avant ses oncles, on ne pourra prendre B³, chargé du culte des ancêtres de la famille ; on ne pourra pas prendre non plus ses fils B'⁴, B'''⁴, parce qu'ils sont inférieurs d'un degré dans l'ordre des générations aux fils de B¹, B'¹, et C¹. En ce cas, B³ sera chargé du culte de ses oncles, il consacrera à chacun d'eux, sous le titre de « part des morts sans postérité » (Phần Tuyệt Tự), une fraction de leurs biens.

Les règles de l'adoption ne sont pas toujours exactement observées en ces matières et la coutume est encore plus tolérante que la loi ; mais, en cas d'infraction, la justice n'intervient jamais d'office et ne se prononce que sur la plainte de la famille.

minence au fils adopté. Il n'est plus qu'un enfant de la famille, ayant droit à la part virile de l'héritage du père intestat, mais il perd la charge des biens du culte, qui est trans-
mise au véritable fils de l'adoptant.

Le fils adoptif, à quelque titre qu'il ait été adopté, ne peut
abandonner l'adoptant devenu pauvre. Si, au contraire, l'a-
doptant est riche et que le père naturel de l'adopté, tombé
dans une situation précaire, ait besoin des secours de son
fils, l'adopté devra rentrer chez le père naturel.

Si des parents ne peuvent avoir, par la naissance ou l'a-
doption, aucun enfant apte à continuer la postérité, leurs biens,
lorsqu'ils meurent intestats, font retour à l'aîné de la famille,
chef de la parenté, et celui-ci en consacre une partie au culte
de leur mémoire. Ces biens sacrés reçoivent le nom de
« part des morts sans postérité. » C'est le même sentiment
qui pousse un père de famille riche, dont les sœurs non
mariées [1], ou bien les frères, même mariés, sont morts sans
postérité et sans fortune, à consacrer une part de ses propres biens au culte de leur mémoire.

Lorsque des enfants deviennent orphelins, la loi leur défend de partager le patrimoine avant la fin de leur deuil ; ils
sont pendant tout ce temps sous l'autorité de l'aîné de la famille, s'il est majeur, et y restent jusqu'à leur mariage. Si
l'aîné des orphelins est mineur, nous savons qu'il tombe,
avec ses frères et sœurs, sous l'autorité du chef de famille,
grand-père ou bisaïeul, et, à leur défaut, sous la protection
du chef de la parenté. Mais du jour de sa majorité, ou après
son mariage, car en Annam le mariage émancipe les mineurs,

---

1. Les sœurs mariées sont sorties de leur famille, ont pris le nom de
leur mari et sont honorées par leurs descendants ou par les parents de
même nom et de mêmes ancêtres que leur mari.

il devient aussitôt chef de famille de ses frères et sœurs orphelins.

Aucune loi, en Annam, ne fixe l'époque de la majorité. Les rites prescrivent seulement la prise du bonnet viril à l'âge de vingt ans. Les Annamites n'ont guère conservé cet usage, auquel les Chinois, au contraire, sont restés fidèles.

L'aîné de la famille, lorsqu'il est majeur, étant de droit le chef de ses frères et sœurs orphelins, administre leurs biens, tant qu'ils sont indivis, à cause du deuil ou à cause de la minorité de tout ou partie des enfants. Les cadets ne peuvent disposer d'aucune valeur mobilière ou immobilière sans l'autorisation de l'aîné, et, sur la simple plainte de ce dernier, les tribunaux sont obligés de les frapper des peines édictées par la loi.

· Au terme des trois ans de deuil, ou à la majorité des enfants, l'aîné fait le partage des biens patrimoniaux. Le chef de la parenté intervient, et, s'il y a contestation, tous les deux sont responsables du partage qu'ils ont ordonné. La loi punit de quatre-vingts coups de bâton l'injustice qu'ils auraient commise en l'opérant. Cette loi n'est pas applicable au chef de famille, père ou grand-père, disposant comme il l'entend de ses propres biens ; elle vise au contraire directement l'aîné des enfants ou le chef de la parenté, jouant le rôle de chef de famille (*Tôn Tru'o'ng*).

On voit par ce qui précède que l'organisation de la famille annamite se distingue surtout par l'autorité à peu près absolue que la loi et les mœurs attribuent au père ou à la mère et, à leur défaut, au chef de la parenté ou à l'aîné des enfants. Les liens du sang sont resserrés par l'usage du culte des ancêtres et par l'accomplissement des devoirs de piété filiale, qui sont comme les dogmes de la doctrine de Confu-

cius. Aussi cette organisation a-t-elle facilement triomphé
des éléments de dissolution qui résultaient chez le législateur annamite de la tolérance de la polygamie et de la pratique sans mesure du divorce[1].

Les lois et les mœurs que nous venons de décrire diffèrent profondément, en tout ce qui touche à la famille, de nos
mœurs européennes ; aussi, tant que la population des quelques provinces de l'empire d'Annam, tombées en nos mains
par la conquête, ne sera pas convertie au christianisme, il
sera peu désirable et même impossible de lui appliquer notre
code civil.

Les Anglais dans l'Inde, les Hollandais à Java, gouver-
nent les peuples conquis avec les lois particulières à leur
civilisation. On ne saurait trop louer la France d'avoir imité
ces maîtres dans l'art de la colonisation, en conservant aux
Annamites de la Basse-Cochinchine l'usage de leurs propres
lois.

1. Le divorce est autorisé de la plus large façon par la loi et les mœurs
annamites : outre les sept motifs de divorce énumérés dans la loi écrite,
les époux ont le droit de divorcer parce que tel est leur bon plaisir; le
législateur n'exige que leur consentement mutuel librement donné.

CHAPITRE XI

DROIT CIVIL

Le droit civil, le droit des citoyens, que l'on devrait bien plutôt appeler le droit privé, le droit des particuliers, semble avoir peu préoccupé le législateur annamite. Les lois qui règlent les relations d'individu à individu et leurs droits et devoirs respectifs, quant aux personnes et quant aux choses, sont, chez les nations occidentales, l'objet de prescriptions minutieuses, qui tendent toutes à protéger les intérêts les plus précieux de l'homme, en assurant l'existence de la famille, en garantissant la propriété, en définissant et en faisant respecter les droits et obligations nés des conventions et des actes de toute nature par lesquels se manifestent la liberté et l'activité individuelles. Ces lois forment chez nous des codes très étendus et très complets. Dans l'extrême Orient, les lois des Chinois et des Annamites paraissent, au contraire, ne définir et ne délimiter les droits de chacun qu'au point de vue général de la société, de l'État et du prince ; c'est à peine si le législateur se préoccupe de la famille et il néglige presque complètement l'individu. Il suffit d'ouvrir le code annamite pour s'en convaincre.

Les lois criminelles sont complètes pour les délits contre le souverain, contre l'État ou contre les particuliers, mais, en ce dernier cas, surtout s'il s'agit d'assurer la sécurité et la tranquillité publiques. Pour obtenir des fonctionnaires l'exécution stricte et scrupuleuse des règlements, les prescriptions et les peines ne manquent point en matière militaire, administrative ou financière. Il en est de même en ce qui concerne la législation des travaux publics, qui intéresse directement l'État, ou les règlements spéciaux du service des postes, dont l'usage est d'ailleurs exclusivement réservé au gouvernement. Les prescriptions rituelles, destinées à conserver les traditions nationales, et surtout à fortifier le respect de la dynastie, sont aussi nombreuses et surabondent.

Mais sur tout ce qui concerne les relations individuelles : état des personnes, successions, testaments, donations, contrats et obligations, conventions, transactions, ventes et autres actes de toute nature, le code est muet.

Le législateur ne s'est point montré avare de lois pour conserver la famille et y maintenir le principe d'autorité : nous avons cité les peines édictées contre les infractions aux règles de l'adoption, contre le manque de respect ou d'obéissance de la femme envers le mari ou ses ascendants, ou bien contre les fautes de toute nature commises par des membres de la famille oublieux des principes de concorde, des obligations de la piété filiale ou du respect envers des parents plus âgés. Mais, en revanche, il se tait sur tout ce qui est relatif à la constatation des naissances, des mariages et des décès, ou à la capacité des personnes, ou à la manière de protéger celles dont la capacité est incomplète, telles que les femmes, les mineurs, les interdits, les aliénés, etc.

Si le code parle du mariage, c'est, non pas relativement aux biens des conjoints, mais au point de vue de l'ordre public, de la famille et de la morale. A ce titre, il défend la prostitution, l'adultère ; il punit la femme de rang secondaire qui usurpe le rang de la femme légitime ; il prohibe le mariage entre parents ou bien entre personnes libres et esclaves [1] ; il règle les formalités de la répudiation et du divorce, et édicte des peines contre ceux qui font des mariages sans observer les lois ou qui se marient en temps prohibé [2].

De même, sans régler *a priori* la matière des successions, le législateur nous apprend que, dans le cas où les parents meurent intestats, les biens doivent, à l'expiration du deuil, être également partagés entre les descendants, sans faire de distinction entre les enfants de femme légitime, de femme de second rang (concubine), de servante ou d'esclave. Il semble d'ailleurs n'édicter cette disposition de droit civil que pour avoir l'occasion de sanctionner par des peines l'injustice en matière de partage ou la violation, par des héritiers avides, de l'indivision qui doit être rigoureusement observée pendant le deuil. Quant aux autres modes d'acquérir la propriété : les testaments, la donation, les contrats, l'occupation, la cession, la prescription, il n'en est aucunement question.

Si la loi parle des biens, c'est simplement pour protéger la propriété, mais non pas pour en régler les conditions. A ce titre sont édictées les peines contre l'usurpation, la vente ou l'engagement frauduleux des biens d'autrui, contre l'infidélité en matière de dépôts, etc.

De même, s'il est question de prêt, c'est pour protéger le débiteur contre les violences du créancier, pour fixer l'intérêt légal au taux de 36 %, ou bien pour punir les débi-

---

1. Bien que le code parle d'esclaves, l'esclavage, nous l'avons dit, est peu répandu dans l'Annam. Il est défendu aux Annamites d'avoir des esclaves de leur propre race ; mais, sur les frontières, ils achètent souvent des hommes de race étrangère. Le mariage avec les esclaves est interdit, parce que les peuples de la frontière, Laotiens ou Cambodgiens, sont considérés comme personnes viles au point de vue du mariage. Les Chinois, au contraire, sont des hôtes dont l'atavisme justifie l'alliance et avec lesquels le mariage est licite.

2. Pendant le deuil, ou pendant l'emprisonnement des parents.

teurs en retard. Mais il n'est nullement parlé de la forme et
de la nature des conventions qui accompagnent le prêt à
intérêt ni des droits réciproques des contractants.

Quant aux obligations et aux divers contrats ou conventions qui en découlent, et qui occupent une si large place
dans notre code civil, la loi annamite les ignore et ne se
préoccupe même pas d'en assurer l'exécution par des peines spéciales.

En un mot, le code annamite traite du droit militaire, du
droit administratif, du droit fiscal, du droit rituel, du droit
pénal et criminel, mais il ne fait intervenir les prescriptions
de droit civil qu'accidentellement et seulement au point de
vue très général des peines à édicter contre les infractions
au principe d'ordre dans la famille ou dans la société.

Aussi n'est-ce point dans la législation écrite qu'il faut
chercher le droit civil de l'Annam. Il faut interroger la coutume orale, née des inspirations du droit naturel, des prescriptions rituelles et des principes tirés des livres canoniques.
Pour savoir le droit civil, dans ce pays, il faut connaître à
fond les mœurs et la doctrine philosophique du royaume. Ce
droit est d'ailleurs moins compliqué que le nôtre, parce que,
dans une société dont l'agriculture, le commerce et l'industrie sont à l'état rudimentaire, les intérêts sont beaucoup
moins nombreux et moins complexes que dans les civilisa-
tions avancées.

Nous l'avons déjà dit, le droit civil n'occupe qu'une place
secondaire dans les occupations du législateur annamite. Il
a horreur des procès, aussi tâche-t-il d'arrêter les plaideurs
et de leur défendre ou de leur rendre impossible l'usage des
tribunaux en les effrayant par la crainte du châtiment réservé au plaideur qui succombe. Il laisse au chef de la famille ou de la parenté le soin de régler les affaires litigieuses

entre parents ; aux membres du municipe et aux chefs de canton le devoir de concilier les contestations entre concitoyens.

Le juge, devant lequel viennent rarement les causes civiles, est ordinairement un mandarin instruit, âgé, versé dans la connaissance des mœurs, des prescriptions rituelles, des livres canoniques[1]. Il rend sa sentence en équité et d'après la coutume orale traditionnelle ; il ne se contente point de faire droit à la requête de la partie qui a raison ; il applique en même temps une peine à celle qui succombe.

Dans la plupart des cas, le juge n'a qu'à faire exécuter des obligations volontairement souscrites par les plaideurs. Les conventions nées du consentement des volontés libres sont la loi des contractants. L'intention des intéressés est constatée par des actes authentiques ou sous seing privé. Ce sont ces actes que les tribunaux ont à interpréter et sur lesquels ils doivent dire le droit. Les conventions étant écri-

---

1. On comprend combien il eût été absurde, après la conquête de la Basse-Cochinchine, de vouloir appliquer notre droit à un peuple chez lequel règne la polygamie, à une famille qui admet des mères de diverses conditions, à une société qui reconnaît la liberté de tester, favorise les majorats, légitime un procédé d'adoption très original, et dont la législation constate mille points de divergence avec notre civilisation.

Aussi le gouvernement français a-t-il conservé l'usage de la loi chinoise pour le peuple vaincu. La difficulté d'appliquer ce droit ancien n'en restait pas moins considérable. La traduction complète du Code annamite par M. Philastre a supprimé une partie de la difficulté. Mais le droit civil, n'existant souvent, comme nous l'avons dit, qu'à l'état de coutume orale, il a fallu créer des magistrats spéciaux, les administrateurs civils des affaires indigènes, tenus de connaître la langue, les mœurs et la littérature du peuple vaincu avant d'être appelés à le juger.

Il est à désirer que les rituels en usage parmi le peuple soient traduits comme l'a été le code lui-même, puisque c'est seulement dans ces rituels et dans leurs commentaires que l'on peut aller chercher les origines du droit civil : il faut souhaiter enfin que la coutume orale, dans son ensemble, soit bientôt recueillie partout et officiellement publiée.

tes en hiéroglyphes et la connaissance d'un nombre d'hiéroglyphes suffisant pour les écrire étant peu répandue en
dehors des lettrés, il a fallu, pour mettre les actes à la portée de tous, les immobiliser en formules presque sacramen-
telles. Le nombre de ces formules est, on le comprend, extrêmement limité. La lecture en devient alors accessible
au peuple et beaucoup plus facile qu'on ne peut se le figurer.
C'est ainsi que, pour les besoins de la vie pratique, on évite
la difficulté d'apprendre un grand nombre de signes hiéroglyphiques et que l'on parvient, sans l'intermédiaire d'officiers ministériels, à donner une authenticité suffisante aux
actes de la vie civile.

C'est donc aux intéressés qu'incombe le soin de rédiger
eux-mêmes ou de faire rédiger leurs actes. C'est encore aux
parties qu'il appartient de rendre leurs actes authentiques. La loi annamite est muette sur ces sujets si importants.

La coutume d'Annam veut que l'acte soit authentique
quand il a été consenti en présence de notables de la commune et qu'il est revêtu de leur signature, de celle du maire,
et timbré du sceau de ce dernier fonctionnaire, qui doit l'apposer, non-seulement sur sa signature, mais encore, dans
le corps de l'acte, sur tous les caractères dont l'altération
ou la surcharge pourrait en modifier le sens d'une manière
préjudiciable à l'un des intéressés. C'est ainsi que, dans un
acte de vente, le sceau devra être apposé sur les hiéroglyphes indiquant le prix de la vente, ainsi que sur les caractères qui fixent les limites et déterminent la superficie du terrain vendu.

En France, l'acte authentique doit être reçu par les officiers
publics compétents, c'est-à-dire ayant pouvoir d'instrumenter
dans le lieu où existent les intérêts dont l'acte est la repré-

sentation. Nous trouvons quelque chose d'analogue dans la coutume annamite. Nul, en effet, dans le pays d'Annam, ne tiendrait pour authentique un acte qui n'aurait pas été reçu par le maire et les notables de la commune où est situé l'immeuble.

La réception de l'acte se fait habituellement en présence du maire et de deux notables ; il doit être reproduit en un assez grand nombre d'expéditions pour que l'on puisse en déposer une aux archives de la commune. L'énoncé dans l'acte du nombre d'expéditions qui ont été transcrites n'est pas nécessaire, bien qu'il en soit souvent fait mention. A l'occasion d'un acte authentique, il est d'usage que la commune reçoive un cadeau des parties ; cette espèce de droit d'enregistrement n'est limité par aucune coutume ou aucun règlement écrit, aussi s'élève-t-il quelquefois à 2 ou 3%, et au-dessus de la somme portée au contrat[1].

On voit que les Annamites emploient un moyen très simple pour rendre les actes authentiques : ils ont aussi inventé une manière très originale de remplacer la signature des illettrés.

L'écriture annamite ou chinoise est disposée de haut en bas et de droite à gauche ; le papier dont on se sert est très-souple et très résistant à la fois.

L'acte une fois rédigé, on écrit le nom de l'illettré à la place où il devrait signer ; puis on replie la feuille de papier au-dessous de ce nom et on la place ainsi repliée entre l'index et le médius de la main droite pour les hommes, ou de

---

1. La perception du droit est légitime, puisque l'on dérange le maire et les notables. En Basse-Cochinchine, l'administration française oblige les indigènes à faire enregistrer leurs actes au chef-lieu de la circonscription, à cause du peu de sécurité que présentent les archives communales, au point de vue de la conservation des actes.

la main gauche pour les femmes, de façon que le nom de l'illettré écrit sur la feuille se trouve entre ses deux doigt, l'index en dessus. L'on ponctue alors de droite et de gauche sur la feuille de papier la trace de l'extrémité du doigt, celle de la naissance de l'ongle et celle des plis de la peau existant des deux côtés du doigt, à la hauteur des phalanges [1]. On obtient ainsi, des deux côtés du nom écrit, un certain nombre de points constituant le véritable signe de l'identité du contractant, car il est à peu près impossible de rencontrer deux personnes dont les doigts puissent ainsi figurer une double trace qui soit absolument identique.

Entre commerçants, les usages chinois prévalent quelquefois sur la coutume: les actes authentiques sont peu usités; la signature est alors remplacée par le cachet. Toute maison de commerce a une enseigne consistant en un ou plusieurs hiéroglyphes, qui signifient par exemple : « gain perpétuel, félicité fixe, » etc... Le chef de la maison est tellement identifié avec son titre commercial, que souvent il n'est connu du vulgaire que sous ce dernier nom. La signature commerciale est un cachet reproduisant la devise de l'enseigne. C'est au négociant à veiller à ce que ce signe ne soit pas apposé mal à propos sur les écritures, ou laissé à la discrétion d'employés malhonnêtes, car son emploi engage la maison. Elle ne peut se dégager que dans un seul cas : lorsqu'elle peut prouver que son cachet a été falsifié; mais sa responsabilité reste entière, même lorsqu'il a été apposé à tort ou sans ordre.

Dans les contrats synallagmatiques, sous seing privé, les mêmes commerçants font transcrire autant d'expéditions de

---

1. Les Annamites ont la main très maigre, très osseuse et les articulations très-saillantes. Les plis et les contours de cette main sont par conséquent faciles à ponctuer sur le papier.

l'acte qu'il y a d'intéréssés, et chacune des parties reçoit alors une copie portant la signature des autres contractants.

La loi n'assigne aucune limite à la preuve par témoins. Mais en Annam le mensonge en justice est tellement habituel, qu'on ne peut attacher aucune valeur au témoignage. De là l'usage, pour les moindres affaires, de dresser acte des conventions.

Cependant, en matière de meubles, le principe que « possession vaut titre » dispense de cette précaution. En réalité, les Annamites ne font guère passer dans la forme authentique que les actes d'une certaine importance, tels que les testaments, ou ceux qui sont relatifs aux transmissions de biens immobiliers. Il est rare qu'ils emploient ce procédé de rédaction pour les conventions qui concernent l'aliénation des objets mobiliers, à moins qu'il ne s'agisse de ventes de buffles ou de ventes de bateaux [1].

Les testaments sont généralement divisés en deux parties : un préambule autobiographique dans lequel le testateur, s'il est lettré, parle, non sans poésie, de sa vie écoulée, de sa famille, des motifs qui l'ont amené à écrire cet acte de dernière volonté ; puis la partie essentielle de l'acte, qui contient le partage de sa fortune entre ses héritiers.

On peut dire qu'il existe, chez les Annamites, de véritables « testaments olographes, » puisqu'on en trouve de complètement écrits et signés de la main du testateur. Il y a aussi des « testaments authentiques » dressés publiquement devant le maire et les notables convoqués à cet effet.

Dans ce dernier cas, le document peut être écrit soit par le testateur, soit par un lettré. Après rédaction, il est signé

1. Les buffles et les bateaux, objets de première nécessité pour les travaux d'agriculture et les transports, sont en proie à des vols incessants, Aussi, pour se mettre à l'abri des poursuites que peut causer l'achat d'objets volés, est-on dans l'habitude d'exiger de tout vendeur un acte écrit en forme régulière.

du testateur, de l'écrivain, ainsi que du notable et du maire appelés pour recevoir l'acte.

Les testaments analogues à ceux que nous appelons « testaments mystiques » n'existent pas en Annam, mais on connaît une forme de testaments que j'appellerai « privés. » Tout testament de ce genre est rédigé en plusieurs expéditions. Le testateur en remet une à chacun de ses héritiers, au chef de la famille et à toutes autres personnes en qui il a confiance.

La loi est muette sur l'établissement de tous ces actes de dernière volonté, sur leur forme et leur force probante. Les testaments olographes sont souvent dérobés, anéantis ou contestés après la mort du testateur. Quant aux testaments privés, leur conservation et leur importance dépendent du nombre d'expéditions qui en a été fait et de la bonne foi des personnes qui les ont reçues. Les testaments authentiques seuls garantissent véritablement l'exécution de la volonté du testateur. La coutume a créé la liberté de tester ; la loi n'y fait point obstacle, mais ne la favorise pas non plus : elle n'en parle pas.

Celui qui se prévaut d'un acte sous seing privé doit, si cet acte est contesté, établir l'authenticité de l'écriture, de la signature, de la date, suivant les cas. L'acte authentique ne peut, au contraire, être valablement contesté, parce que le municipe, représenté par les notables [1] et par le maire, a attesté que l'acte était bien celui qui avait été consenti et signé par les parties en sa présence et au jour indiqué. Nulle preuve ou obligation contradictoire ne peut prévaloir contre une pareille mention.

---

1. Il est d'usage qu'au moins deux notables signent avec le maire l'acte auquel on entend donner le caractère authentique.

Celui auquel l'acte est opposé ne peut le faire annuler qu'en s'inscrivant en faux et en établissant que le testateur n'a jamais comparu devant les membres du municipe, qu'il n'a point consenti cet acte en leur présence, que la signature du maire et des notables ainsi que le sceau du village ont été falsifiés; toutes preuves difficiles et dangereuses à faire. Il en résulte que la force probante d'un acte authentique est aussi grande en Annam qu'elle peut l'être chez nous.

Il en est tout autrement d'un acte sous seing privé. Comme la partie à laquelle on l'oppose n'a qu'à le désavouer, ou ses ayant-droit qu'à le méconnaître, il est difficile à celui qui s'en prévaut de prouver qu'il a été écrit ou signé par la partie à laquelle il l'oppose. Il faut recourir à une expertise en écritures dont l'issue est incertaine, surtout si elle ne doit porter que sur la vérification de la signature [1].

Les actes en usage, en matière de vente d'immeubles ruraux, se réduisent à quelques formules très simples. Il faut rappeler ici, pour l'intelligence de ce qui va suivre, que le droit de propriété se compose, en outre, du droit de revendication, de trois droits partiels distincts : le droit d'user de la chose, celui d'en jouir ou d'en percevoir les fruits, et celui d'en disposer. Un propriétaire peut donc aliéner tout ou partie de ces droits. Cette aliénation engendre pour les contractants des droits et des devoirs multiples, qui sont l'objet de prescriptions minutieuses dans la loi française. Le législateur annamite a laissé à la coutume le soin de fixer cette matière. En voici les principales règles.

1. Quand l'acte tout entier et la signature sont de la même main, l'expertise portant sur un grand nombre de caractères amène presque inévitablement la découverte de la vérité. Mais si l'auteur n'a fait que signer, l'expertise ne peut porter que sur cinq ou six caractères, et le résultat en est douteux. Au cas où l'auteur de l'acte est illettré, la vérification de la trace ponctuée de son doigt est une preuve toujours suffisante.

Les Annamites ont deux sortes de formules de vente, suivant qu'ils aliènent la totalité de leurs droits de propriété, ou
une partie seulement de ces droits. La « vente définitive, »
aliénation complète de l'ensemble des droits de propriété,
est désignée en langue mandarine par les caractères *Doan
Mai* ou *Tuyêt Mai* (définitivement vendre), et en langue vulgaire, par le caractère *Ban Du't*; la vente à rachat (*Mai Lai
Thuc*) est l'aliénation partielle du droit de propriété, par laquelle le vendeur ne garde que la nue propriété de son immeuble, et en remet la possession, avec le droit de jouir et
de percevoir les fruits, à son acquéreur.

L'acte de vente définitive, dont la formule est presque im-
muable, est toujours rédigé au nom du vendeur. Il relate l'o-
rigine de la propriété, sa situation, sa contenance, ses limites. Il donne le nom de l'acheteur, le prix de la vente, et termine en garantissant la vente de tous troubles et empêche-
ments ultérieurs. Puis, en échange du prix stipulé, le vendeur remet à son acquéreur l'acte de vente signé de lui et
de l'écrivain, s'il a eu recours à un lettré pour le rédiger. Il
remet ordinairement en même temps à son acheteur les titres de propriété relatifs au bien vendu; souvent même,
l'acte de vente indique le nombre de ces titres de propriété.
La remise de l'acte de vente vaut, selon l'usage, quittance
du prix d'achat. L'acheteur, devenu propriétaire, n'a plus
qu'à demander son inscription au rôle de l'impôt foncier. Il
ne manquera pas d'accomplir cette formalité, parce que si les
titres qu'il a reçus venaient à disparaître, son inscription au
rôle deviendrait une preuve de propriété.

Les ventes définitives et en général tous les actes relatifs
aux immeubles se consomment le plus ordinairement sous
la forme authentique; il n'est pas rare cependant de rencontrer des actes de cette nature passés sous seing privé.

En ce cas, tant que l'acquéreur n'est pas inscrit au rôle de l'impôt foncier, son droit de propriété est aléatoire, à moins qu'il n'ait eu le soin de se faire remettre les titres de propriété du vendeur. Si ce dernier revendique la propriété en contestant l'authenticité de l'écriture où de la signature qui lui sont opposées, ce sera à l'acquéreur, non inscrit au rôle [1], à faire la preuve à dire d'expert et après vérification d'écriture ou de signature. Ce n'est en effet que dans le cas où l'acheteur aurait en mains les titres de propriété du vendeur que le défaut d'inscription au rôle pourrait lui être opposé, puisque les titres deviendraient alors une preuve suffisante de son bon droit, à moins que le vendeur ne vînt à prouver qu'ils lui ont été dérobés.

Il arrive souvent que l'origine de la propriété remonte tellement loin que le vendeur n'est plus en possession des titres et n'a pu les remettre ; en ce cas l'achat sous seing privé doit être suivi à bref délai de l'inscription au rôle.

La vente à rachat (*Mai Lai Thuc*) est très fréquente en Annam, et en voici les motifs : la propriété est très morcelée tout comme en France ; le paysan tient beaucoup à son morceau de terre et le vend difficilement sans esprit de retour. D'autre part, la terre n'a qu'une valeur médiocre, et celui qui a vendu son héritage pour une faible somme, espère, à cause de la modicité même du prix, pouvoir le racheter un jour. Il est donc rare qu'il le vende définitivement.

D'autre part, l'hypothèque, au sens français du mot, n'existe pas en droit annamite. On ne peut donc pas emprunter en conservant la propriété de son bien. D'ailleurs, s'il pou-

---

1. D'après la coutume, celui qui est inscrit au rôle est présumé propriétaire ; l'acquéreur non inscrit est donc obligé de faire la preuve de l'achat, puisque l'ancien propriétaire, encore inscrit, conteste la valeur de l'acte sous seing privé.

vait hypothéquer sa propriété, le paysan aurait à payer l'intérêt de la somme empruntée. Comme le taux ordinairement admis, très supérieur au taux légal, est d'au moins 50 ou 60 %, il
aurait peu de chances, étant ruiné par les intérêts, de pouvoir jamais rembourser le capital pour conserver sa terre.
Le revenu de la propriété foncière ne dépasse pas 20 %, net ;
ce revenu est donc insuffisant pour payer les intérêts et à
plus forte raison pour amortir le capital [1].

Si le paysan annamite est pressé par le besoin, sa ressource
la moins ruineuse est encore de vendre sa terre sous condition de rachat, en se débarrassant ainsi de la charge des
intérêts à payer qu'entraînerait avec elle la forme de l'hypothèque. En ce cas, le vendeur abandonne, moyennant la somme
qui lui est payée, la possession de son bien à l'acheteur qui
en jouit par lui-même, ou par ses ayant-droit, jusqu'à ce que
le vendeur ait pu exercer son droit de rachat en restituant
le capital versé.

Dans ce genre de contrats, l'acheteur peut revendre son
droit de possession usufruitière, sous réserve des droits du
nu-propriétaire, vendeur originel. Cette opération se nomme
Chuyên Mai Lai Thuc (*vente successive à rachat*).

Lorsque les biens vendus sous condition de rachat sont
meubles, comme dans la plupart des cas, la possession n'entraîne aucun profit, et que ces meubles ne sont qu'un simple
gage en nantissement de la dette, il est rare que l'on ne stipule par des intérêts, relativement modérés, ou un prix de
rachat plus élevé que le prix de vente.

Lorsqu'au contraire il s'agit d'immeubles, la convention
revêt plusieurs formes dont voici les plus communes, d'a-

---

1. Dans la pensée de remédier à cet état de choses, le gouvernement
français a établi à Saigon une banque coloniale destinée à faire des avances aux cultivateurs, à un taux modéré.

près M. Philastre : — 1° le vendeur reçoit une somme en ga-
rantie de laquelle il remet au prêteur un bien vendu avec
faculté de rachat : il fixe le délai au bout duquel il rendra la
somme, sans intérêts, contre restitution du bien ; 2° le motif
de l'acte est le même, mais l'acheteur a fait inscrire dans
l'acte par le vendeur que si le rachat avait lieu dans un temps
déterminé (généralement trois ans), le capital formant prix
de vente porterait intérêts, tandis que, si le rachat a lieu
passé ce terme, il suffira de restituer le capital sans intérêts ;
3° le vendeur stipule qu'il abandonne la possession de son
bien pour un nombre déterminé d'années, contre la somme
que lui remet l'acheteur, et que, ce laps de temps écoulé,
le bien lui fera retour purement et simplement sans qu'il ait
de capital à rembourser.

L'usage s'était répandu de vendre sous condition de rachat en ne stipulant pas de terme, ou en stipulant simplement
que, lorsque le vendeur aurait de l'argent, il aurait la faculté
de racheter. Mais ce procédé avait l'inconvénient de perpé-
tuer la possession en d'autres mains que celles du nu-propriétaire.

Il en résultait des difficultés pour l'établissement des rôles
puisque le nu-propriétaire devait toujours rester inscrit et
que c'était cependant au possesseur de l'usufruit qu'incom-
bait le payement de l'impôt. Un édit de Minh Mang prescrivit
qu'après trente ans le droit de rachat ne pourrait plus être
exercé. De sorte qu'aujourd'hui l'usufruitier devient propriétaire par la possession de trente ans. Cet édit a créé la prescription à long terme [1] inconnue jusqu'alors en Annam.

La fécondité des familles et la coutume assez générale
d'égalité dans les partages ont amené la division extrême de

1. En matière de partage, le droit de rescision est prescrit par cinq ans.
C'est le seul cas où l'on trouve la prescription dans le code annamite.

la propriété. Malgré cet excessif morcellement, le nombre des familles qui ne possèdent pas de terre est très grand et représente la population non inscrite des villages. La vie matérielle est d'ailleurs à très bon marché dans le pays, et il suffit de posséder quelques terres pour vivre dans l'aisance et l'oisiveté. Le propriétaire exploite donc directement et personnellement ses terres, s'il est pauvre; il les donne à ferme s'il est dans une situation prospère; le métayage est inconnu. Les agriculteurs prolétaires étant nombreux, l'industrie et le commerce délaissés par les Annamites au profit des Chinois qui y sont plus habiles, les fermes agricoles sont très disputées.

Les fermiers sont désignés par l'expression de Ta Diên (*locataire de champs*), et les baux de fermage s'appellent Ta Diên To' (*lettre de location de champs*). Ces baux se font sous seing privé : le fermier établit qu'il loue en son nom le champ du propriétaire à un prix déterminé, payable à une certaine époque. Les baux sont ordinairement annuels et les longues périodes d'engagement ne sont point recherchées comme en France, parce que les terres cultivées en rizières, sans assolement, ne reçoivent pas d'engrais et que par conséquent les fermiers ne peuvent les épuiser et n'y ont point intérêt.

Le propriétaire tient à payer l'impôt, afin que, par la prescription et la production de la quittance d'impôt, le fermier n'arrive pas à usurper la propriété Il ne le pourrait cependant que dans le cas où le propriétaire et ses ayant-cause auraient négligé de faire maintenir leur inscription au rôle d'impôt foncier et perdu, en outre, leurs titres de propriété ou leurs baux à ferme.

Le code annamite n'établit aucune règle à suivre pour les relations entre fermier et propriétaire; les tribunaux pro-

noncent donc en équité, et selon les principes de droit naturel, la coutume locale et la teneur des contrats.

Certaines cultures comme la canne à sucre, le poivre, le
café, la vanille, le cacao, etc., produisent, sous la zone torride,
des revenus considérables. La fécondité de la terre, provo-
quée par la double action de la chaleur et de l'humidité, y
est véritablement inépuisable. Dans l'Annam, il n'y a guère
qu'une culture fructueuse, celle du riz pour l'exportation ;
les autres denrées ne sont cultivées qu'en très petite quantité et pour les seuls besoins de la consommation locale. Le
commerce d'exportation de l'empire consiste donc principalement en riz, dont le prix est très peu élevé ; encore le
chiffre de cette exportation, eu égard à la population et à la
superficie du royaume, est-il très médiocre. Aussi l'Annam,
malgré la fertilité de son sol, est, comme nous l'avons dit
souvent au cours de cet ouvrage, un pays pauvre, exploité
sans intelligence. Le signe le plus certain de la vérité de cet
état de choses est l'élévation de l'intérêt de l'argent.

La loi défend l'usure, mais admet le taux légal de 36 %,
ce qui prouve suffisamment le manque de capitaux. Il faut
attribuer cette pénurie d'abord au peu de valeur et à la petite
quantité des produits créés par le travail annamite, puis à
l'absence d'esprit d'épargne, chez une population qui vit au
jour le jour. Imprévoyance et paresse, telles sont en résumé
les deux véritables causes de la rareté du capital dans l'Annam.

En ce pays il n'est pas d'usage de prêter, même des sommes minimes, sans un acte écrit constatant le prêt. Le mensonge et le faux témoignage n'étant point un déshonneur,
une reconnaissance écrite des sommes prêtées est indispensable. Ces reconnaissances sont toujours sous seing privé,
ce qui provoque de nombreux procès de la part des débiteurs
qui nient leur écriture ou leur signature.

La formule d'emprunt varie peu : « le débiteur déclare
avoir emprunté une somme, il s'engage à rendre à une époque déterminée la même somme avec ou sans intérêts. »
Dans le cas le plus ordinaire, celui où le capital doit porter
intérêt, le taux n'est généralement pas stipulé ; on se contente d'énoncer la somme et l'intérêt exigibles. Ainsi, l'on dit:
« Je reconnais avoir reçu cent francs et m'engage à rendre,
dans un an, cent cinquante francs. »

La possession de cet engagement par le prêteur est une
preuve qu'il n'a pas été payé. Aussi le débiteur, lorsqu'il re-
nouvelle son billet ou qu'il rembourse sa dette, doit-il exiger
qu'on lui rende l'obligation souscrite, ou faut-il qu'il ait la
précaution de se munir d'un reçu, lorsqu'il paye un à-compte.
C'est ordinairement vers le premier de l'an que les créanciers forcent leurs débiteurs à se libérer et la loi punit du bâton le débiteur retardataire. Aussi est-ce surtout vers la fin
de l'année qu'il faut craindre les voleurs, car tous les
moyens sont bons aux Annamites pour se libérer de
leurs dettes.

Nous avons dit que la loi défendait de dépasser le taux de
36 %. En réalité, il y a peu de billets où l'intérêt souscrit
soit inférieur à 50 et même 60 %. Quelle que soit la durée du
prêt, le législateur a eu soin de spécifier qu'en aucun cas
le total des intérêts accumulés ne devra dépasser le capital
prêté. Mais il est facile d'éluder la loi, en souscrivant des
billets à courte échéance et en augmentant, à chaque terme,
le chiffre du capital des intérêts dus, si le débiteur ne se li-
bère pas. Le prêt à la petite semaine est communément pratiqué dans l'Annam, et il n'est pas rare de rencontrer des
billets par lesquels l'emprunteur de cinq ligatures s'engage
à en rendre dix dans le délai d'un mois.

En outre du prêt ordinaire d'un capital remboursable avec

une forte augmentation qui représente les intérêts, les Annamites emploient encore un autre genre de prêt à intérêt infiniment plus usuraire. C'est un prêt avec condition de remboursement par annuités. Ces annuités sont toutes égales et leur échéance peut être le mois, la semaine ou même le jour. Ainsi on emprunte cent ligatures en s'engageant à rendre, par exemple, une ligature et quart par jour, pendant trois mois. Cette cherté de l'argent est une cause fatale de profonde misère pour le prolétaire. Dès que le pauvre tombe malade, il est forcé d'emprunter et d'escompter l'avenir sans savoir pour combien d'années il s'est voué à un labeur improductif, ingrat et désespérant. A moins qu'une chance heureuse au jeu, le vol, ou la contrebande ne vienne à son secours, l'Annamite de la basse classe est condamné au malheur et à la misère. Aussi l'influence des riches, tout puissants sur la clientèle de leurs débiteurs, est-elle fort grande en Annam ; c'est ce qui explique l'action prépondérante des classes aisées dans l'administration des affaires communales [1].

1. Au moment où la mort est venue le surprendre, l'auteur de ce livre se proposait de compléter son étude en y ajoutant un chapitre sur le mariage » en Annam. La force et le temps lui ont manqué!

TABLE DES MATIÈRES

CHAPITRE VIII.

CHAPITRE IX.

CHAPITRE X.

CHAPITRE XI.

FIN DE LA TABLE.

Laval. — Imprimerie Parisienne, L. BARNÉOUD et Cⁱᵉ.